BIG

BIG DATA RESEARCH ON CHINA'S ADVERTISING
INDUSTRY BASED ON LDA TOPIC MODEL

基于 LDA 主题建模的中国广告企业大数据研究

吴珺婷 著

中国纺织出版社有限公司

内 容 提 要

围绕广告产业的融合现状，本书尝试建构一套可解决广告产业研究数据缺失问题的分析方法。本书以识别广告产业的融合现象为目标，利用 LDA 主题模型、协同过滤算法、语义网络分析等计算机辅助分析方法和结合内容分析法，分别从经营范围文本 LDA 主题模型的提取及优化、LDA 主题模型的主题定义方法改进及人工比较三个部分，在产业融合视角下对广告产业经营范围隐性知识进行文本挖掘和模型优化，为揭示广告产业的新趋势提供更为深入、全面的视角和思考方式。

图书在版编目（CIP）数据

基于 LDA 主题建模的中国广告企业大数据研究 / 吴珺婷著 . -- 北京：中国纺织出版社有限公司，2024.1
ISBN 978-7-5229-1358-2

Ⅰ.①基… Ⅱ.①吴… Ⅲ.①数据处理—应用—广告业—研究—中国 Ⅳ.① F713.8-39

中国国家版本馆 CIP 数据核字（2024）第 033685 号

责任编辑：阚媛媛　　责任校对：王花妮
责任印制：王艳丽

中国纺织出版社有限公司出版发行
地址：北京市朝阳区百子湾东里 A407 号楼　邮政编码：100124
销售电话：010—67004422　传真：010—87155801
http://www.c-textilep.com
中国纺织出版社天猫旗舰店
官方微博 http://weibo.com/2119887771
北京华联印刷有限公司印刷　各地新华书店经销
2024 年 1 月第 1 版第 1 次印刷
开本：710×1000　1/16　印张：7.75
字数：180 千字　定价：79.00 元

凡购本书，如有缺页、倒页、脱页，由本社图书营销中心调换

前 言
PREFACE

产业融合是当前全球经济社会发展的重大趋势之一，也是推动经济转型升级、助力国家发展的关键力量。得益于大数据、云计算和社交媒体等新科技的迅速发展，广告产业与许多新兴行业都在不同程度上发生了产业融合现象。广告业作为一个新技术的热门应用领域，在技术驱动下出现了广告新形态、新生产流程和新商业模式，并形成了广告新生态。许多原本不参与广告业务的企业开始以产品和服务创新的方式，积极探索与电子商务、人工智能、大数据等领域融合，共同打造智能化、个性化、精准化的广告营销服务，为消费者提供更好的体验，为企业提供更精准的营销推广策略和服务流程。数字技术加速了广告行业的创新与变革，产业融合已经成为这一过程中不可忽视的重要因素。

作为一种新兴的经济现象，产业融合有着不同于传统经济学的动态和特殊性质。产业融合是指不同产业的企业、行业和技术在某一领域内进行有机交融、协同发展的过程。通常情况下，这些产业之间本来并不直接相关，但通过技术进步、市场需求等因素的影响，它们开始相互融合，形成新的产业和商业模式。目前，许多行业都在不同程度上发生了产业融合的现象，比如信息技术、医疗健康、金融、能源等。这种新经济模式为社会发展带来了机遇与挑战，许多学者和研究机构都在积极关注并探讨产业融合的理论与实践。广告产业当前的快速发展，与数字技术、大数据、云计算和社交媒体的迅速发展密不可分。新技术的广泛应用引发了广告生产、管理、运作方式等环节的创新和变革，为广告产业带来了新的思路和商业模式，推动了广告产业的进一步产业融合。

从产业融合角度思考广告产业，不仅可以帮助我们深入理解整个产业当前的发展历程与可能的演变趋势，还可以为企业未来的战略和决策提供重要的参考和指导。通过深入研究广告产业与其他产业的相互融合现象，既有助于产业融合问题研究的理论分析，为研究其他行业的产业融合提供中国的实践应用经验，又能帮助企业更好地把握市场趋势，发掘更多商业机会，推动企业的可持续发展。另外，广告产业在数字时代面临的种种挑战和问题，也需要我们从产业融合角度出发，探寻新的创新方式和商业模式。通过挖掘不同产业与广告产业深度融合过程可能孕育的潜在机会，我们可以为广告产业未来的发展提供更为客观的分析与思考，也有助于推进我国广告产业转型升级总体目标的达成。

广告产业在产业融合的推动下，未来在人才需求、制度变革、资本投入和企业扶持等方面都将会发生更高水平的变化和创新，这些创新将为行业带来更大的发展机遇，促进广告产业迎来更好的发展。这意味着，广告产业在未来仍面临较大的创新空间和产业变革，加强该领域的研究与探讨非常必要。然而，既往的研究存在三个问题：一是缺乏足够的实证数据，使我们对这一重要现象的理解较为肤浅；二是缺乏与产业现有理论进展的结合，难以促进产业融合；三是相关研究力量不足且分散，对这一现象的认识较为粗略。由于产业融合对广告产业影响深远，因此推进相关研究的任务必要且紧迫。

本书关注广告领域的产业融合，对近年来关于广告领域产业融合的最新研究进展进行了回顾。在此基础上，我们以深度挖掘广告产业融合现象为研究目标，探索出一套适宜于中国经济和广告产业特征，基于大数据开展广告产业融合实证研究的新思路和可行方法。本书旨在为广告产业从业人员及相关研究者提供有关产业融合研究和实践的参考资料，帮助推动该领域的研究进展，为广告产业的发展贡献力量。

吴珺婷

目 录
CONTENTS

第一章　产业融合：解读数字时代中国广告产业的新视角 / 001

　　一、数字时代中国广告产业的创新与变革 / 001

　　二、产业融合：考察数字时代广告产业演变的逻辑之一 / 003

　　三、产业融合研究对广告产业转型升级的意义 / 005

第二章　产业融合理论及广告产业的产业融合研究 / 007

　　一、产业融合理论基础 / 007

　　二、产业融合研究概述 / 008

　　三、广告产业的产业融合研究 / 018

　　四、本书的研究思路 / 023

第三章　基于企业大数据的广告产业融合现象研究 / 025

　　一、广告产业融合研究面临的主要问题 / 026

　　二、解决思路 / 027

　　三、数据分析方法 / 034

　　四、研究设计 / 039

第四章　经营范围文本LDA主题模型的建模及优化 / 047

　　一、研究思路 / 047

　　二、文本挖掘的理论基础 / 048

三、经营范围的文本挖掘思路 / 050

四、LDA主题模型方法概述 / 052

五、研究设计 / 059

六、结果分析 / 061

七、小结 / 074

第五章　LDA主题模型的主题定义方法改进 / 075

一、计算机辅助内容分析在社会研究中的应用挑战 / 075

二、解决思路 / 080

三、研究设计 / 082

四、结果分析 / 090

五、小结 / 103

第六章　结论与研究展望 / 105

一、本书的主要贡献 / 105

二、产业融合驱动下广告产业未来的趋势 / 107

三、中国广告产业面临的现实挑战与未来启示 / 108

参考文献 / 111

第一章

产业融合：解读数字时代中国广告产业的新视角

一、数字时代中国广告产业的创新与变革

广告产业是一种基于信息传播、促进销售的服务性产业，是经济发展中的重要组成部分。广告产业在我国整个经济体系中具有重要的地位和作用。它不仅可以促进商品和服务的销售，还可以引导消费者的购买决策，传递和塑造产品和品牌的形象和价值观，对于市场的竞争和品牌的建设至关重要。同时，广告产业也是一种创造性产业，它为创意、设计、媒介、营销等行业提供了广泛的就业机会。从社会经济环境的角度来讲，广告产业的发展与多种社会因素息息相关，包括市场经济的发展、消费观念的变化、科技进步、文化交流等。

一直以来，广告产业都是一个充满了高度竞争和创新的行业。随着媒介技术的不断更新，技术创新更是成为推动广告和营销活动的关键因素之一。新兴技术的不断涌现和消费者需求的变化，都在不断推动广告产业的转型和升级，促使广告企业不断探索新的传播方式和商业模式。这种探索加强了企

业间的合作和互动，突破了传统产业边界，拓展了广告产业的发展空间，也为广告产业孕育出新的商业机会。

在数字化和智能化的时代，全球广告产业格局出现了前所未有的变化。网络、数字媒体和社交广告已经成为全球广告市场增长最快的板块。在技术革命的推动下，广告产业正从以人力为中心转向以数据和技术为中心，广告形式也由传统的文字、图片、音频和视频广告，向着更加多元化、个性化和交互式的趋势发展。同时，新兴媒体的涌现和以互联网为代表的媒体技术的普及，为广告产业带来了新的机遇，也促使广告企业面临更多的挑战。

新技术的普及加速了广告业务模式的改变。随着数字营销、数据分析和人工智能等技术的不断发展与普及，广告产业正在不断探索新的营销模式和创新方式。许多公司借助数字和互联网技术的发展以及社交媒体的普及，进行跨行业的业务探索。这些企业的发展路径具有典型的产业融合特征：大多成长于电子商务崛起的经济浪潮中，将擅长的网络和计算机技术应用于广告领域，对广告的生产流程和运营模式进行改造，显著影响了中国乃至全球的广告市场。这些产业的发展奠定于自身的技术优势。通过技术和产品创新、投资并购的方式，一些创新的中国本土公司（如腾讯、抖音、阿里妈妈）敏锐地把握到本地和全球的市场机会，在广告市场版图中表现出强大的竞争力。它们往往拥有先进的技术和强大的资本实力，善于在新兴平台上开展数字广告和内容营销推广业务，发展出极具竞争力的产品线和优秀的服务能力，与消费者形成长期有效的互动和联系。

这些现象凸显出一个事实，产业融合是广告产业在新时代下创新发展的内在逻辑。随着我国广告产业已进入数字化和智能化的发展阶段，人工智能（AI）技术应用已经彻底颠覆了中国广告公司的运营方式。从消费者洞察、文案撰写、媒体规划到媒体购买，AI对传统广告流程已经完成重组升级。这是广告产业发生深度产业融合的最好例证。

当前，广告产业的产业融合趋势已经引起了越来越多学者和研究者的关注。在数字化时代背景下，对广告产业的产业融合发展现象进行深度挖掘和研究，对于产业发展和体系优化都具有重要意义。以经济学的视角，对广告产业进行理论研究和实证分析，揭示广告产业与数字经济之间的关系，探究数字技术对广告营销模式的影响，或是利用数学建模等方法揭示广告产业的发展规律，都将有助于揭示形式多样的产业融合中的新趋势和新特征，为广告产业未来发展的路径和方向提供理论依据和策略建议。进一步分析和研究广告产业的产业融合趋势、形态和影响，对于理解当前广告产业的发展状态、掌握技术变革和产业机会的本质、加强广告企业的创新和竞争能力，具有重要的意义和实践价值。

因此，本研究旨在解决广告产业的产业融合趋势研究的技术难点，以揭示产业融合对广告产业发展的影响和作用，为广告产业的创新发展提供重要的技术支持。同时，本研究所关注的问题也是当前研究领域中的前沿研究方向，对于推动广告产业的发展和提升产业竞争力，具有较好的理论与实践意义。

二、产业融合：考察数字时代广告产业演变的逻辑之一

在数字时代，产业融合是观察数字时代广告产业演变的基本逻辑之一。产业融合的本质是不同产业之间的综合效应，是企业通过产业链上下游的延伸和横向发展进行资源汇聚和协同创新，通过优化资源配置和提高产业整合度来实现企业市场竞争力的提升和核心业务的增强。

技术创新是推动广告和营销活动的关键因素。这一要素的重要性在数字时代广告产业的日益发展中表现得尤为明显。数字时代的技术变革如人工智能和大数据分析，不仅深刻地影响了广告产业，同时也推动广告产业的快速演变，实现了广告业务的创新跨越。首先，人工智能技术的应用在广告中取得了很大的成功。通过机器学习、自然语言处理和计算机视觉等技术手段，广告公司可以对海量的数据进行挖掘和分析，以更精准的方式挑选和推广广告，更好地实现个性化定制的营销策略。与此同时，人工智能技术在广告投放和媒体购买方面的应用使得广告成本降低、效率提高。其次，大数据分析的应用也促进了广告业的快速发展。通过大数据分析工具，广告公司可以实时监测广告效果、调整广告策略、提高广告 ROI（投资回报率）。此外，大数据分析也可以精准地识别潜在客户，通过情境定向和感知交互等技术实现

更为精确的广告投放。另外，移动互联网、在线视频、社交媒体等新媒体的出现也给广告产业带来了极大的机遇与挑战。广告公司通过整合不同平台的信息，运用技术手段给定向、精准的广告投放和内容创意等进行创新，为广告产业实现了快速发展。当前，研究数字时代的广告产业演变能够帮助广告公司更好地积极拥抱新技术，不断地增强创新意识和能力。

数字时代的广告产业变化主要包括三个方面：第一，广告服务的数字化。数字技术的应用让广告变得更加智能和精准，可以根据用户的兴趣、行为和社交关系等个性化信息为其提供更精准的广告服务，提高广告效果；第二，广告媒介的数字化。数字渠道、平台、社交媒体和移动设备等的广泛应用，使广告的投放和推广成为更加灵活和多元化，广告主可以针对不同的目标人群和场景，选择更多元化、更有效的广告投放方式；第三，广告流程的数字化。传统广告的流程繁琐、多环节，数字时代的广告产业则运用工业互联网和人工智能等先进技术，优化广告投放、监测和数据分析等流程，提高了广告的生产效率和质量。

广告产业的飞速变化引起了研究者极大的兴趣。不同的学者分别从不同的角度展开研究。一是技术驱动思路。关注技术方面的创新和应用，分析各种新技术对广告产业的影响和变化，如人工智能、大数据分析、区块链等。二是用户视角思路。从广告用户的角度，主要是消费者的角度来分析广告行业的发展潜力和市场状况，考察广告行业所服务的对象——消费者的趋势、兴趣、需求等。三是媒体驱动思路。关注广告媒体方面的创新和变革，例如社交媒体和在线视频的传播效应、营销价值等，强调广告业务与新兴媒体形态的融合。四是平台化思路。关注广告平台的发展和变化，关注平台的技术、内容特点和效益，探索分析广告产业基于平台的商业模式、市场变化等。

与上述研究思路不同，以产业融合视角考察数字时代的广告产业演变是一种系统性、综合性的研究方法，将广告产业作为一个与其他产业紧密关联、相互影响的整体来进行研究，对于理解数字时代广告产业演变的本质规律具有重要的价值。产业融合视角注重从整体角度出发，关注广告产业与其他产业的关系和互动效应，更加关注广告生态系统的演变和整合的内在动力。而其他研究方向则常常聚焦于某个具体方面、单一维度，也许更注重相关技术的最新进展和商业应用，但难以全面、深入地把握广告产业演变及其蕴含的根本动因。

通过以产业融合视角考察数字时代的广告产业演变，可以深入探讨广告产业发展中的过程、机制、趋势、影响因素等多个方面，提高对广告产业未来的预见和决策，同时，在广告产业发展的现实挑战和问题上寻找可行的创新方式和发展策略，实现企业的自我升级和可持续发展。因此，从产业融合的视角出发，对数字时代广告产业演变进行研究，可以充分考虑广告产业与其他产业相互融合的现实背景和广阔前景，同时也能够发掘更多具有实际应用的创新思路和新兴商业模式，为广告产业的发展提供更为深入、全面的视角和思考方式。综上所述，产业融合是观察数字时代广告产业演变的一个新视角，对理解整个产业的演变和预测发展趋势都至关重要。同时，产业融合也为广告企业提供了更多的创新思路和商业机会，有望为广告产业的可持续发展带来新的动力。

三、产业融合研究对广告产业转型升级的意义

从产业融合的角度考察广告产业，为我们解析数字时代广告产业的飞速演变提供一个全新的理解思路。广告产业作为服务生产制造的重要部门，与整个社会经济体系保持着依附性关系，具备与不同产业融合的基础。数字技术和智能技术的发展，正带动着广告产业深度融入全球经济的融合化进程中。这是大势所趋，无法逆转的。广告产业一旦具备产业融合的基本条件，与广告相关的产业边界和交叉处都有产业界限模糊化甚至重划产业界限的可能性。

广告产业与整个社会经济循环体系息息相关。随着社会经济的融合化进程不断推进，不同产业之间的交叉错综会继续加深。现存的新形态将进一步刺激企业根据环境变化做出适当的调整，解构、重组原有产业的价值链，改变传统的价值创造方式。因此，从产业融合的规律和内在机理出发，解读当前的广告产业变革现状，不仅可以帮助我们深入理解整个产业的发展历程和

演变趋势，还可以为企业未来的战略和决策提供重要的参考和指导。通过深入研究广告产业与其他产业的相互融合，我们可以帮助企业发掘更多商业机会，提升企业的竞争力。另外，广告产业在数字化时代面临的种种挑战和问题，也需要从产业融合的理论和研究中寻找解决方案，为企业管理者和政策制定者提供政策建议。

回顾过去百年来产业进行融合式发展时的规律性，人们发现产业融合不仅是一种复杂的经验现象，且会随着社会环境、技术革新、市场变化等因素发生动态变化。如果能够有效观测产业间的融合趋势，探查产业内部的潜在发展趋势，能够为产业整体的高水准和可持续发展奠定坚实基础。因此，越来越多的研究者试图从现象中探知市场规律，把握产业融合可能带来的发展趋势。

融合化已是当今世界经济的大势，中国广告产业谋求发展，需要立足于整个产业体系乃至全球价值链体系，客观认清现状和目标之间的差距。党的十九大以来，我国经济工作已进入着力推进服务业迈向全球价值链中高端的重要阶段，中国广告产业转型升级已势在必行。对此，借助产业融合理论与科学可行的技术手段对广告产业的基本情况展开深入研究，对分析当前产业剧变的基本走向和未来趋势、帮助人们客观判断产业现状、指导产业更好更快地发展有重要意义。

随着中国在宏观经济层面进入产业融合"爬坡期"，[1]国家正大力推动传统产业通过深度融合实现相融相长、耦合共生。这为广告产业的深度融合发展提供了坚实的外部环境条件和政策保障。广告产业肩负着向传媒产业"输血"的功能，广告产业的健康发展也是传媒产业稳定发展的条件之一。产业融合若能在广告产业实现，将大幅提升广告产业经济效率和整体工业水平，助益整个传媒产业的高质量发展，对维持整个现代产业体系的稳定循环也起到关键性作用。在产业融合背景下，借助宏观经济的融合化发展趋势，推动实现广告产业的顺利转型，对广告产业乃至整个传媒经济领域都有深远意义。

第二章

产业融合理论及广告产业的产业融合研究

广告产业作为社会经济系统的组成部分，可以用经济学理论和研究方法来探究上述现象背后的规律及内在机制。以产业经济学的产业融合理论解释，我国广告产业眼下的形势是受到互联网信息技术的变革与扩散引起的，是一种典型的产业融合现象。广告产业当前的数字营销、程序化购买等新形式渗透着互联网及数字技术的基因，可以说是产业融合带来的产品创新。总体上，广告产业变革现象正表现出具有产业融合特征的形态与趋势。接下来，我们简要介绍一下产业融合的概念及相关研究成果。

一、产业融合理论基础

产业融合概念的提出，是人们在经验层面对传统经济学中产业概念的大胆否定。产业是当今社会经济活动的基本概念。在传统的产业组织理论中，产业的划分标准是以"生产同类或生产相互密切竞争关系和替代关系的产品或服务"，因此可以把产业理解为生产同质或密切替代关系的产品、相互竞争的企业群或企业集合。[2]产业经济学的产业概念有广义和狭义之分，在本质上并无区别。广义的产业概念指国民经济的各行各业，每个具体产业由同类型企业集合而成。狭义的产业概念专指工业或制造业内部的各种行业，它们也是由具有相同生产技术特点或产品特点的企业组成。[2]我国学者杨治指出，"'产业概念'是居于微观经济的细胞（企业和家庭）与宏观经济的单位（国民经济）之间的一个'集合概念'，是具有某种同一属性的企业的集合，又是国民经济以某一标准划分的部分"。[3]Stieglitz在分析产业融合现象时，亦是基于产业概念展开探讨。他从产品的角度提出由交易的可替代性、产品是否满足相同的需求、产品是否可以被认为是替代品三个要素来界定产业。总的来说，产业概念具有抽象性，是人们观念和思辨的结果，通常意味着拥有某种共同特性的一组企业集合，其行为大致可以用企业行为来代替。

换言之，产业经济学划分不同企业的"产业"归属的依据是生产同类或具有密切替代关系的产品或服务；同一产业内部的企业之间存在着竞争关系，超出同一产业以外的企业之间就不存在竞争关系。根据这一前提，人们认为在不同产业之间存在着进入壁垒与退出壁垒，即产业之间有着清晰的边界，产业类别具有明确的区分标准。当某种经济活动跨越了产业之间既定的区分，使原来的产业边界模糊化，则意味着产业间发生了产业融合。[4]最为经典的研究发现是，20世纪末，电信、广播电视和出版三大产业之间出现了产业边界模糊的现象。这一现象被公认为现代经济中产业融合的正式出现。自此，人们开始意识到这是一种与传统产业分立假设相对立的新型产业形态。产业融合现象的出现对产业经济学理论和产业政策是一个巨大的挑战，它突破了传统产业经济学以产业边界固定不变的理论假设，体现出产业经济的动态性和复杂性。

二、产业融合研究概述

（一）产业融合概念

产业融合是一种复杂的动态经验现象，相关的理论研究是当今产业经济理论研究的热点。从现象上来讲，产业融合一般是指为了适应产业增长而发生的，不同产业之间的传统边界趋于模糊，甚至消失的现象。[6]在产业经济学尚未意识到产业融合现象之前，该学科一直坚持"产业存在不变的固定边界"的理论假设，并根据企业是否生产同类或具有密切替代关系的产品或服务来定义产业区划。然而，1976年罗森博格（Rosenberg）针对美国机床工业的研究开创性的发现，不同产业可能会共享同样的技术基础。在特定情况下，不同行业的流程和产品/服务的结合可以导致原本的产业边界模糊，进而生成一个新的行业。

产业融合作为跨产业发生的一种经济现象，近50年来的实践表明，世界上主要发达国家均出现了产业融合现象，产业之间的传统边界日趋模糊。它打破了传统产业经济学关于产业边界固定不变的理论假设，对产业经济学的理论体系和产业政策的制定产生了巨大影响，相关研究是当今产业经济理论研究的热点主题。我国学者厉无畏认为，产业融合是指不同产业或同一产业内的不同行业相互渗透、相互交叉，最终融为一体，逐步形成新产业的动态发展过程。[7]产业融合意味着传统产业边界模糊化和经济服务化趋势，产业间新型的竞争协同关系的建立和更大的复合经济效应。[8]

这种产业融合现象被不同学科尝试从不同角度解释，如经济学、政治学、地理学、管理学、技术研究、发展研究、新闻传播学等。然而，直至今天这些学科对产业融合现象和概念的基本理解仍无法统一。这种跨学科特点使得该研究体系显得松散且研究主题多样，也使该领域缺乏一个公正的精确定义。

（二）产业融合现象研究

学术界对产业融合的探讨，最早是基于数字技术出现带来的产业之间的交叉现象，提出了早期的产业融合定义。日本学者植草益认为，产业融合是由于技术革新使得原本属于不同产业或市场的产品具有了相互替代关系，而使两个产业或市场中的企业转为处在竞争关系中的一种现象，他以信息通讯业的产业融合为例，提出产业融合源于技术进步和管制的放松，且加强了各行业的竞争合作关系。[7]

随着产业融合研究的深入，技术融合、数字融合、三网融合等概念也被用来描述相关的产业现象。因此，产业融合的概念表述至今尚无一个统一的界定。这些定义基本限定在数字融合的技术基础上，早期的相关文献集中在计算机、通信和广播电视业、信息通信业之间的融合。我国学者厉无畏认为，产业融合是指不同产业或同一产业内的不同行业相互渗透、相互交叉，最终融为一体，逐步形成新产业的动态发展过程。[8]根据国内外产业融合的特征和规律研究结论，马建提出了较为准确和完整的涵义：产业融合是指"由于技术进步和放松管制，发生在产业边界和交叉处的技术融合，改变了原有产业产品的特征和市场需求，导致产业的企业之间竞争合作关系发生改变，从而导致产业界限的模糊化甚至重划产业界限"。[9]胡金星在辨析各学说后，提出系统视角的定义：产业融合是指开放产业系统中新奇的出现与扩散引起不同产业构成要素之间相互竞争、协作与共同演进而形成一个新兴产业的过程。它的外延包括技术融合、企业融合、产品融合、市场融合、制度融合等等。[10]

李美云将产业融合的各种定义分为三个层次。[11]第一个是狭义层面，指早期针对信息通讯业融合现象为基础的、狭义层面的理论阐述。第二个是中义层面，是站在服务部门结构变化的角度对信息化导向下各特定产业部门发生的服务模式结构性变化的总结。第三个是广义层面，聚焦于对产业演化宏观层面的总体概述，是更广泛的内容和范围或产业的演化发展视角。随着产业融合现象规模和信息技术应用范围的逐渐扩张，当今的学者更多地从第三个层面，也就是从广义的层面来思考产业融合问题。[12]这些定义的侧重各有不同，而学者们较为一致的看法是产业融合是在技术进步的前提下产业界限模糊化以及重新划分，其共同点就是认为产业融合正在重塑产业的结构形态。因此，本文根据研究目标，将产业融合（Industry Convergence）描述为通过融合科学知识、技术和市场来模糊两个或多个不同行业之间的界限的过程。

随着产业融合现象在全球经济中的蔓延，各产业之间的界限将不断趋于模糊甚至消失，产业融合现象已逐渐扩散到其他产业领域。从经济学角度分析产业融合现象本质及发展趋势，产业融合意味着传统产业边界模糊化和经济服务化趋势，产业间新型的竞争协同关系的建立和更大的复合经济效应。产业融合在整个产业体系中的拓展化，主要表现为工业生产力受到信息生产力的替代变化，本质上是信息资源、信息技术和信息运行平台在产业经济中转化为主导资源、核心技术和基础平台的过程。[13]信息技术的支撑仍然是产业融合的必要条件。产业融合的核心在于信息技术进步使不同信息形式转化为同一，不同服务产品的提供方式及途径趋于同一，从而使其业务边界发生的交叉与重叠。信息技术的发展，使得非专用性的互联网替代了各种专用性网络，各种运作边界得以整合，从根本上动摇和摧毁了传统产业分立的基础。[14]

总体来看，产业融合的出现对传统的产业关联关系、产业结构关系等产生了复杂的影响，各个产业的市场定义、市场结构乃至企业战略、企业组织结构等相关要素都会发生改变，产业融合的深化势必将形成新的产业分类体系，相应地也需要建构新的产业理论、机构和政策。

1. 产业融合的类型划分

产业融合本质上是新技术不断取代旧技术的过程。根据不同的研究目的，产业融合主要有三种分类方式，按照产品或产业性质、融合进程和技术新奇程度进行划分。依据融合进程，产业融合可分为功能融合和机构融合。[15]按照融合技术的新奇程度，又可分为应用融合、潜在融合和横向融合。[16]不同的分类方式是深入研究的基础，为了更好地理解产业融合的内在规律，本文重点回顾根据产品或产业性质的分类方式。

斯蒂格利茨（Stieglitz）从产品或产业性质角度，运用演化经济学和产业生命周期理论，将产业融合分为基于技术的和基于产品的融合，具体又可分为技术替代融合（technology substitution）、技术互补融合（technology integration）、产品替代融合（product substitution）及产品互补融合（product complementarity）（表2-1）。[4]发生技术融合的产业会生产具有相似技术能力的不同产品和服务，而基于产品融合的产业会出现新的替代产品或有互补特征的产品。由于行业可以由需求和供给标准来定义，因此可以区分来自供给侧的基于技术的融合和来自需求侧的基于产品的融合。

表2-1 产业融合的类型

类型	从市场角度	
	产品替代	产品补充
供给侧：基于技术的融合	技术替代融合	技术互补融合
需求侧：基于产品的融合	产品替代融合	产品互补融合

（1）基于技术的融合

从技术角度理解基于技术的融合，原本不相关的产品市场因为共享相关的技术变得相关，导致技术替代或技术互补。

技术替代融合是指新技术在流程或工艺上的创新触发了技术替代，使现有产品的生产成本更低，还改变了与产品特性和个人性能相关的交易过程。在这个过程里，发起替代的新技术可以取代旧技术，新旧产品的特性不会受到影响，而两个发生融合的行业会出现基础技术能力和产品特征的改进。技术替代的特点是新技术的发展和扩散，由于新技术是从A行业进入B行业，B行业中的传统企业会因为技术过时而受到较大影响。A行业带着新技术及新产品出现的公司会持续性地组织技术创新活动，直接导致在B行业中出现新技术的商业部门。

技术互补融合指以前在不同行业内有关的各种技术被融合或整合，从而产生了全新的行业。A行业中的传统企业，利用一部分现有技术结合外来的新技术，作为进入新兴行业B的跳板。如果A行业中的新进企业在拥有一种新技术的同时又是新兴行业B的先行者，那么它可能会对现有企业构成严重威胁。在这个过程中，技术互补创造出的产品需要生产者和用户共同发现新产品的基本特征，以及如何从这些特征中获得价值。换言之，新产品的需求不是预先设计的，而是在产品问世后由企业和消费者共同促进，帮助它完善功能。

技术融合通过将现有技术重新组合而形成新的技术，这些新技术通常具有更高的效率和潜在的范围经济，例如"技术绑定"或"融合"。因此，现有技术的范式将被新的范式所取代，这最终导致一个行业现有的价值链被打乱，产业边界变得模糊，从而实现产业融合。从理论和定量分析的角度来看，最新研究显示，技术融合已成为驱动行业融合的主要力量。

（2）基于产品的融合

基于产品的融合是从市场的角度，两个原本不相关的产品市场开始分享相似或互补的产品特征，导致产品替代或产品互补。

产品替代融合意味着以前不相关的产品之间因为愈发相似的产品特性而具有了可替代性。这种融合通常是由一个新的技术引发，使传统产品的特征发生改变。产品替代融合往往也伴随着基于技术的融合，A行业的企业由于吸收了新技术，与现有技术融合后对传统产品进行改变，使产品具有B行业产品的特征，即融合型产品（服务也属于产品中的一种）。这种融合型产品出现后，会导致行业边界重新划分，有可能会使企业对自身产品的功能和用户需求之间的关系出现定位模糊的情况。

产品互补融合是指对于用户来说，曾经独立使用的传统产品成了互补性产品。这种产品是由技术开发的新标准或连接要件引起的。新标准或连接要件为两种现有产品的互补创造了条件，使二者共同使用能产生更高的价值。产品互补仅关注稳定市场中的现有产品，而不是技术。

产业融合的不同类型意味着它们具有不同的产业动态模式。通过对不同行业、地区、融合类型的探讨，是展开产业融合现象研究的开始。产业融合分类法结合不同的产业体系研究中，可以更为系统地分析产业融合的各种决定因素。

2. 产业融合的产生过程

产业融合是一个非线性的复杂过程。研究者发现，可以从融合动力的起源进行区分。在市场营销研究领域，市场驱动和驱动市场两种模式揭示了市场如何通过改变结构或参与者行为而被驱动或塑造的具体过程。这样的研究能够帮助我们理解产业融合过程中发生的大多数市场变化。根据这一框架，发展出了两类产业融合过程模型：技术融合主导的供给侧融合（对应驱动市场模式）和市场融合驱动的需求侧融合（对应市场驱动模式）。这些模型是当前产业融合研究的热点主题，也为我们研究广告产业的融合动态提供了更为清晰的研究框架。在这个过程中，企业利用产品或技术的融合获取竞争优势，从而推动产业的不断发展。研究这一过程，能够进一步抽象出产业环境下融合现象是如何通过企业、技术、政策、产品等要素发挥作用。当处于不同的融合阶段时，不同的融合类型会在产业系统中有着不同的表现形式。透过产业要素、新产品与企业之间动态关系的分析，能够反映出产品和潜在的商业模式。

在产业融合领域的最新研究进展中，有越来越多的研究表明，产业融合是由科学技术融合（供给侧融合）和市场融合（需求侧融合）两个主要过程所驱动的。这种现象不仅发生在基础科学中，还出现在应用科学和技术中，最终导致产业融合。产业融合研究的基础是探索产品和服务如何进入市场，这可以通过"市场导向"（Market Orientation，MO）的概念来解释。MO有两种方法——"驱动市场"和"市场驱动"——分别满足供给侧和需求侧的融合。[17]"驱动市场"方法一般被称为产品驱动或供给侧方法，是指产品或服务的创造和引入市场，该方法通常严重依赖于研发（R&D）以获得突破性创新或根本性创新的产品/服务。引入新产品/服务通常遵循传统的多阶段产品开发过程，包括研发、设计、制造、营销和销售等过程，但这些过程对客户来说是不可见的。当产品的"性能"通常超出市场需求时，这些产品在市场上会获得成功，在这些情况下，就会出现产业融合现象。

（1）供给侧融合

供给侧融合通过技术融合和创新，提高供给侧生产力和效率，推动产业转型和升级。这种融合模型不仅可以破坏现有的产业价值链，也会引发新的产业和市场模式的重塑。通常来说，这一过程由技术驱动，推进顺序是从科学（SC）、技术（TC）、市场（MC）到产业融合（IC）。

卡兰（Curran）和他的同事通过对药妆、营养和功能食品等行业进行了专利分析，[18]证明了融合是一个逐步推进的过程，涉及科学（SC）、技术（TC）、市场（MC）和产业融合（IC）四个步骤。这一发现可以从融合过程的第一步开始说明，即科学跨学科合作和合作研究。第二步是将科学研究应用于技术开发，从而使TC得以发展。第三步介绍了新混合产品的使用，这些产品是由产品和市场组合而成。在第四步中，企业开始融合，只有当技术和市场融合时，完整的IC才能实现。自此以后，其他实证研究也支持了各种技术相关产品行业的四步融合过程。然而，在其他需求拉动条件占主导地位的行业中，融合过程仍有进一步探索的空间。市场驱动或需求侧的方法，则规定首先使用市场研究来衡量客户需求，然后根据研究结果开发产品。大多数增量/持续创新产品和服务通常都是市场驱动的。有趣的是，在科学跨学科间的合作中，融合往往不会严格遵循从SC、TC、MC到IC融合的先后顺序进行。

（2）需求侧融合

产业融合不仅只源于技术发展，也源于市场竞争的日益激烈。在极度竞争的市场环境下，企业勇于进行技术创新，尤其是产品的纵向差异化。但是，过度关注产品技术先进性可能导致企业提供的产品超出消费者的需求范围，进而导致该产品市场需求饱和。为了克服市场饱和，企业需要通过产品横向差异化的方式，特别是将其他行业的新产品特征融入自己的产品中来捕捉新的市场需求。换言之，企业需要扩大市场边界来解决现有产品市场回报率下降的问题。与此同时，不同行业市场之间的界限逐渐模糊，最终导致相对应的行业发生重叠。在融合产品引入市场后，企业需要具备其他行业的知识和能力来与之竞争。因此，为了克服这些挑战并获得其他行业的必要知识和能力，企业需要参与跨行业的组织间动态，例如撤资、联盟、合资企业、并购或许可。这些对不同行业的组织间动态可以称为行业融合。此外，由于消费者越来越青睐具备多功能的产品，公司的战略产品开发也进一步加速了市场融合。因此，如果企业希望开发和生产多功能产品，与其他行业的企业的合作变得越来越至关重要。

就此，一种新的需求侧融合路径假设被提出。[19]这一命题主要强调产业融合可以通过MO、MC和TC的过程来实现。该假设包含了两种思路：

思路一：MO→TC→MC→IC【市场导向（MO）→技术融合（TC）→市场融合（MC）→产业融合（IC）】。

这一过程遵循了包括库兰（Curran）等人在内的研究提供的传统融合模型。然而，这一融合过程不一定是从SC开始的。例如，在服务业，数字化的兴起重新定义了融合。在这些行业中，融合过程缺乏"SC"，"不同的科学学科开始相互引用和合作"，通过"科学出版物"进行探讨。

思路二：MO→MC→TC→IC【市场导向（MO）→市场融合（MC）→技术融合（TC）→产业融合（IC）】。

这个过程表明IC的发展是由市场决定的。在市场驱动的融合中，企业意识到，消费者的需求和愿望为MC带来了机会。然后，这个过程转向TC，企业将来自公司内外的技术知识进行整合。例如，越来越多的人正在使用开源应用创新平台，如App Store和谷歌Play，这些平台为市场所开发的产品和服务提供了创新解决方案。虽然其中一些应用程序可能拥有专利（例如，Facebook拥有大量专利），但是这些应用程序也促使了某种程度的TC的发展。Instagram也是一个例子，因为它不仅促进了市场的融合，也促进了技术的融合。该公司通过在其照片和视频管理中添加其他功能来实现这一点，例如添加消息、故事和网站概要。此外，Instagram还通过创建IGTV、支持共同观看以及建立Instagram Reels等新功能来促进MC到TC的融合。

具体而言，对于市场驱动的融合，组织通常会首先确定客户需求和技术趋势，即从MO开始。然后进行研发（技术融合），以开发新产品，并实现MC。从长远来看，这一过程还会影响其他公司遵循这种市场导向，推进到MC并最终达到IC。

需求侧融合的一个例子是汽车共享服务。由于购买和拥有一辆汽车通常需要大量的投资，因此汽车共享服务的需求越来越大，这使得这种共享活动变得普遍，越来越多的公司提供类似的服务，用户有大量的选择。这说明了市场融合的出现。即个人在一段时间内"拥有"一辆特定车辆的概念被广泛接受。随着更多人接受汽车共享服务，可能会导致技术的融合，从而使得平台共享能力随着时间的推移显著增强。可以说，尽管汽车共享服务在移动性方面呈现了一个新时代，但它也是一个利润丰厚的市场，吸引了竞争对手和参与者进入市场，从而导致了IC。

3. 产业融合的识别和测度研究

产业融合研究是国内外经济学界的热门课题，学者们在产业融合的概念界定、产业融合的类型、产业融合的演进过程、产业融合的动力和阻力、产业融合的识别和测定等方面展开了大量深入的研究。随着对产业融合现象规律认识的加深，研究者将视线聚焦到融合现象的识别上。识别产业融合的识别方法主要有三类。[20]一是通过学术论文中的关键词、文本、摘要等，基于科学融合或技术知识进行融合研究；二是通过分析专利申报活动或专利数据库；三是利用企业、科研机构的合作项目、出版物信息等进行词汇挖掘。

融合现象的动态评估和监测目前尚处在研究探索阶段。由于科技融合所采用的大多是可公开获取的专利技术和科技文献资料，具有良好的数据可得性、统计口径和准确性。因此，在基于资料信息的精确分析上，学者们做了大量的尝试，发展出多种测度产业融合的方法。近年来在产业融合研究领域发展较快的专利引用、专利共类共词分析、科技文献互引等多种融合测度方法，已经应用于各类高新科技领域的融合趋势预测和产业创新路径分析。此外，关联规则模型、LDA主题模型等计算机算法也被应用于测度方法的优化。因此，现今已经发展到可以在微观层面对融合网络中的技术节点进行分析、衡量节点功能、测量融合程度等，可以实现时间序列上的融合现状评估与监测，能够服务于分析潜在技术发展趋势、预判创新规律和技术机会、指导制定技术创新发展战略等研究任务。高科技产业由于技术路线清晰，使得基于技术的融合识别研究发展更快。

基于市场尤其是企业的融合识别及测度具有较高的难度系数。以定量方式进行市场角度的融合识别及测度研究，首先就面临着数据资料的问题。企业资料的获取难度大，信息精确度低，难以进行标准化的数据处理分析。因此，很多市场视角的产业融合研究采用理论分析和定性研究，不过很难实现融合识别及测度的目标。

对于数据难以量化或数据不全的情况，胡金星提出以定量和定性相结合的方法克服数据问题。[10]定性方法上，他提出的序参量判断法是通过判断系统中是否存在序参量来进行识别。序参量指的是使得一切事物有条不紊地组织起来的无形之手，是一种宏观参量，可以反映出结构的有序程度，是系统内部子系统之间协同竞争的产物。定量方法上，主要采用网络分析、赫芬达尔指数与熵指数三种。其中，网络分析方法可以通过识别企业间行为的变化，来判断结构变化并实现测度和识别的目标。该研究从系统视角辨析产业融合问题的关键难点，对解决当前普遍存在数据缺失问题的细分行业产业融合研究提出了一个可借鉴的探索方向。

三、广告产业的产业融合研究

(一)广告产业融合研究进展

围绕产业融合,传媒经济学的关注由来已久。从20世纪70年代通信技术和信息处理技术革新开始,产业融合现象在全球经济中不断蔓延。传媒产业在产业融合背景下受到了全方位的深远影响,从经营理念盈利模式、受众的信息消费方式、新闻人才的培养体系等各个方面都在发生潜在改变,传媒产业内部各细分产业之间,以及传媒产业与其他产业之间均出现了大量的产业融合现象。这些现象在传媒经济领域备受关注。

传媒产业的经济活动及传媒经济有着一般经济没有的特殊性,例如信息资源不存在稀缺性,传媒产品和服务具有双重性——既是物质产品又是精神产品,传媒产业运营的二元性——媒体产品可以同时参与内容产品市场和广告产品市场等。传媒产业与其他产业还有一个极大的区别,就是传媒产业内部实际上是由多个细分行业组成,报纸、广播、电视、广告等分别都有自己独特的生产技术或产品特征,而这些不同的细分行业又因同样生产传媒产品而被划分在一起。基于传媒产业的特殊性,传媒经济学(Media Economics)结合了经济学和新闻传播学两个领域的各自优势,逐渐发展为一个独立的研究领域。

从媒介融合视角,诸多研究指出中国传媒生态系统与网络空间体系乃至整个社会体系的融合互动呈现出复杂且动态的特点。放眼21世纪以来传媒产业的急速发展,"传统"的传媒边界在信息技术的推动下正在消失殆尽,带来的社会变化对中国社会影响深远。当今社会,不同媒介形式及其提供的服务之间正以各种方式相互融合,形成更为宏大而复杂的"融合"状态,以潜移默化的方式重塑媒介机构(节点)与整个社会网络的建构方式。[21]研究显示,新闻传播领域的学者们所预测的"传媒产业大'融合'"正在变为现实。[22-23]

从现象上来说,我国新闻传播学界所探讨的媒介融合与经济学研究的产业融合,本质是"一体两面"的。西方经济学定义的产业融合(Industry

Convergence）是指为了适应产业增长而发生的，不同产业之间的传统边界趋于模糊，甚至消失的现象。[24]该理论最早源于20世纪60年代学者对美国机械设备业演化的研究，1978年美国未来学家尼古拉斯·尼葛洛庞帝（Nicolas Negroponte）根据数字技术出现带来的产业之间的交叉现象，提出了"广播电视业、计算机业和印刷出版业将在数字化浪潮下呈现交叠重合趋势"的观点。[25]该观点传入国内后，这一发端亦成为媒介融合概念的开始，[26-27]因而我国媒介融合研究所关注的现象与产业融合现象高度重合。[28]

面对相似的产业现象，新闻传播学和经济学采取了不同的研究策略，两个领域的研究各有所长。经济学将产业融合视为纯粹的经济现象，在探讨产业融合深化后形成的新产业分类体系、针对性地解决机构调整和政策改进等社会经济问题以及相应的新产业理论建构等方面，[5]总结了深厚的理论积淀及实践指导经验。在经济学界，产业融合主要受到产业经济学者的关注，不过产业经济学更注重在宏观层面研究国民经济发展，探究不同产业、不同融合类型及影响因素在融合进程中的作用机制、协同效应、表现形式、价值链等方面的进展，在细分领域的产业研究上着墨不多。

新闻传播学领域主要采用新闻学和传播学的研究范式关注媒介融合现象，偏重在实务运作、新闻生产和传播载体渠道等现象及实务层面展开研究，相比经济学范式下的研究存在一定程度上的视角偏差和误读。[29]随着中国传媒经济的飞速发展，人们逐渐意识到传媒经济活动的特殊性。在翟光勇、[30]钱广贵等[29]学者指出媒介融合本质上的经济属性后，采用经济学范式考察我国传媒经济渐成主流。运用经济学范式进行传媒领域融合现象的理论分析和实证研究，开始受到学界的广泛认可，产生了具有一定影响力的研究成果。产业融合作为经济学中的重要理论，也逐渐为传媒学界所关注。

传媒经济学采用经济学范式考察中国传媒产业的客观经济规律，在产业政策、传媒制度、经营管理、政治经济等议题上展开了丰富的研究，并从技术角度提供认识和掌握传媒经济活动规律的可靠分析，为指导我国传媒产业健康发展、提升媒介经济研究效能提供有效的理论补充。不过，我国传媒经济学起步晚，研究基础薄弱是不争的事实。因此，传媒经济学的学术共识把研究重点集中在描绘传媒经济、阐释传媒经济现象、研究传媒产业未来趋势这三个基本问题上。[31]针对传媒产业的产业融合现象，传媒经济学者也基本围绕这三个问题展开研究，只是相关研究成果较为分散，以宏观判断和现象描述为主，很多研究受限于客观的技术因素而难以深入细分行业。

广告学界的融合现象研究多遵循前者，从广告产业出发，沿传媒经济学传统将其视为传媒产业的一个生产环节、利润来源或关联部门。国内研究始于2007年，王菲从媒介融合视角阐述了广告产业出现的融合现象。[32]其后的研究接续这一视角，如寇紫遐探讨了广告产业传播的多种形态；[33]姜帆提出"大广告产业"概念界定新的广告业融合形态。[34]国外学者如哈克利（Hackley）等关注广告与其他媒介形式的融合对当代品牌传播的影响；[35]曹在容（Jae-Yung Cho）研究了在媒介融合趋势下韩国广播与网络广告的监管框架差异。[36]另有学者采取产业融合理论视角，从广告业融合的发展历程、[37]传导机制、[38]融合动因[39]等不同角度审视广告产业的融合现象。

进入21世纪后，产业融合现象在全球经济中加速蔓延。现有研究发现，产业融合现象已逐渐扩散到其他产业领域，信息技术的支撑仍然是不同产业间发生产业融合的必要条件。随着产业融合的不断深入，随之而来的产业结构与社会经济的发展变化，相应地也需要建构新的产业理论、管理制度和产业政策。与融合之前相比，产业关联关系、产业结构关系等均产生了复杂的变化，需要重新评估各个产业的市场定义、市场结构乃至企业战略、企业组织结构等。总体来看，国内外的产业融合研究一直受到经济学界的高度关注，众多学者在产业融合的概念界定、产业融合的类型、产业融合的演进过程、产业融合的动力和阻力、产业融合的识别和测定等方面的研究成果，为深入揭示产业融合规律奠定基础。

（二）广告产业融合的研究视角与理论框架

产业融合现象自发现以来，一直是经济学领域讨论的热点。研究者们通过分析不同行业、地区的产业融合现象，发现产业融合可按照产品或产业性质、融合进程和技术新奇程度分为多种类型。依据融合进程，产业融合可分为功能融合和机构融合。[40]按照融合技术的新奇程度，又可分为应用融合、潜在融合和横向融合。[16]从产品或产业性质角度还能将产业融合分为基于技术的和基于产品的融合。一些常见的概念包括技术融合、企业融合、产品融合、市场融合、制度融合等等都属于产业融合理论框架内的概念外延。

不同的融合类型具有不同的产业动态模式,结合到不同的产业体系中,可以更为系统地分析产业融合的各种因素,理解产业融合的演化发展过程。在整个演化过程中,企业利用产品融合或技术融合获取竞争优势,从而推动产业的不断发展,这个过程也可以理解为技术变革的演进过程。研究这一过程,能够进一步抽象出产业环境下融合现象是如何通过企业、技术、政策、产品等要素发挥作用。当某个产业处在不同的融合阶段时,不同的融合类型会有着不同的表现形式。透过产业要素、新产品与企业之间动态关系的分析,能够反映出产业潜在的商业模式。

随着对产业融合规律认识的加深,对融合现象的识别研究是当前产业融合研究的热点主题。过去对产业融合规律的研究主要通过理论层面的抽象分析,结合质性的案例研究和宏观层面的产业经济数据分析。人们很快发现,这种研究方式具有时间上的滞后性,始终无法应对快速发展的产业实践需求。同时,产业数据分析对经济数据的质量要求很高,使得可分析的产业现象和研究问题大大受限。

一些研究者认为,非传统经济指标的数据资料例如专利技术的披露资料、公开发布的前沿科技资料同样能够反映出企业的信息,理论上存在着发现产业融合现象的可能性。只要可以发现产业融合的迹象,也就意味着对产业融合的观测可以实现。因此,越来越多的研究将视线聚焦到融合现象的识别上。目前识别产业融合的识别方法主要是通过分析学术论文中的关键词、文本、摘要等资料,专利申报活动或专利数据库,利用企业、科研机构的合作项目、出版物信息等进行词汇挖掘,进而发现融合现象。[20]由于产业融合是基于现有的产业分类进行的讨论,因此,以现有的国际专利分类系统(International Patent Classification,IPC)和国际标准产业分类系统(Standard Industrial Classification,SIC)来建立对不同产业间融合现象的识别是较为通行的办法。

围绕科技融合展开的研究所采用的数据,大多是可公开获取的专利技术和科技文献资料,具有良好的数据可得性、统计口径和准确性。因此,学者们在具有这些特征的各种资料内容上做了大量的尝试，发展出多种测度产业融合的方法。近年来的在产业融合研究领域发展较快的专利引用、专利共类/共词分析、科技文献互引等多种融合测度方法，已经应用于各类高新科技领域的融合趋势预测和产业创新路径分析。此外，关联规则模型、LDA主题模型等计算机算法也应用于测度方法的优化。借助计算机技术、人工智能、社会网络分析等多个相关领域技术的发展，分析融合网络节点、衡量节点功能、测量融合程度等研究方向都有了很大的进展。目前，该领域的前沿研究已在微观层面实现时间序列上的融合现状评估与监测。尽管该类技术尚处于开发阶段，只针对某些特定的行业领域，但是产业融合识别技术可服务于分析潜在技术发展趋势、预判创新规律和技术机会、指导制定技术创新发展战略等研究任务上，未来的研究和应用潜力巨大。

上述产业融合研究在类型划分、演化路径、迹象识别与测度方面的研究成果，为广告产业融合研究提供了很好的研究视角与理论基础。技术变革是广告产业当前的核心命题。根据产业融合的发展特点，除了已知的数字广告、智能广告、程序化购买等新形态，当下的广告产业仍然可能潜藏着其他未知的新业态、新产品，只是依赖现有的观测方法尚未发现。多项研究证明产业融合现象早已出现在广告产业，广告产业的产业结构、组织方式、生产方式等都在持续发生变化，可惜现有研究未深入论证或探究其中的发展状况、互动规律和内在机理。产业融合的出现，势必需要在广告产业的理论建构、机构分析和政策研究上进行更多维度的基础研究，对企业战略、组织结构乃至市场定义、市场运作机制等要素进行重新评估。

长远来看，建构统一的科学监测标尺、完善数据评价体系、实现前瞻性预测等现实任务未来将是中国广告产业研究的重要命题。在现阶段利用好广告产业已经出现的产业融合现象，通过系统的产业融合分析可以在创新趋势识别和产业发展预测的目标上实现突破。技术融合研究领域基于专利数据和文献数据展开的微观层面分析，尤其是时间序列上的融合现状评估与监测研究，对于当前指导我国的广告产业乃至传媒产业的产业研究起到了示范作用。

四、本书的研究思路

当前的全球经济中，信息技术和数字技术正在推动各个不同的传统产业与互联网不断融合。从产业经济学的产业融合理论角度解释，我国广告产业眼下的数字营销、程序化购买等新形式，是一种典型的产业融合现象。总体来说，广告产业当前的发展趋势正沿着产业融合的方向行进，研究产业融合趋势下广告产业的变化是当务之急。

沿此思路，可采用经济学范式的产业融合理论框架对广告产业开展相关研究。产业融合研究主流的实证主义思路强调数据基础上的定量分析，或是采用定性研究方法进行抽象的理论分析。然而，前者研究广告产业始终面临着的数据可得性、统计口径和准确性方面的难题。后者作为一种高级研究方法，对理论的运用必须要建立在大量实证研究基础之上。二者均面临数据获取问题，这使得我国广告产业研究乃至中国传媒经济的诸多研究遭遇深入发展的瓶颈。[41]因此，以产业融合理论指导产业研究，首先需要解决的是数据的获取，其次是解决数据的可分析性。我们选择广告产业的统计数据为切入点，以数据可得性、统计口径和准确性为筛选标准，尝试探索一种适用于中国传媒经济学，尤其是中国广告产业的研究方法。

另外，产业融合是不同产业的企业间互动产生的经济现象，同时也是发生在企业之间的社会现象。对某种经济现象的认识，不应脱离于其所处的文化背景或价值体系，这一点在过去的产业融合研究中并未得到重视。在解释中国社会的企业运转和产业发展时，一些国内研究存在直接套用西方理论、系统性地忽视社会文化对经济活动影响的现象。产业融合理论是在现代经济学理论基础上发展出来的，长期以来是以西方社会为研究对象，直接用在中国土地上难免会面临"据西释中"的问题。中国文化与西方文化存在根本差异是学界的共识，中国社会中存在的经济现象离不开它独特的文化背景和价值体系。在中国社会情境中，企业的经济运转离不开对既定社会规范和文化策略的运用。因此，选用中国样本，研究中国材料，是展开本研究的基本条件。从中西不同社会文化背景出发，根据本国样本内在机理进行的解释，才有足够的说服力。

综合上述分析，眼下的核心问题是要立足在中国国情上，借助产业融合理论与科学可行的技术手段对广告产业的基本情况展开深入分析。我们认为需要解决广告产业研究面临的数据获取和分析难题，为产业融合研究提供具有标准化统计口径和准确性的基础数据，并建构一套可用于产业分析的综合性分析方法，帮助解决广告产业技术分析当前面临的数据缺失问题。总之，这项研究旨在为中国广告产业融合现象的分析研究提供更为适宜的工具，为探究表面现象之下融合化发展的规律，制定广告产业发展战略、探索产业研究机制提供实证支撑。

第三章

基于企业大数据的广告产业融合现象研究

产业融合现象自发现以来，一直是经济学领域讨论的热点。研究者们通过分析不同行业、地区的产业融合现象，发现产业融合可按照产品或产业性质、融合进程和技术新奇程度分为多种类型。不同的融合类型具有不同的产业动态模式，结合到不同的产业体系中，可以更为系统地分析产业融合的各种因素，理解产业融合的演化发展过程。在整个演化过程中，企业利用产品融合或技术融合获取竞争优势，从而推动产业的不断发展，这个过程也可以理解为技术变革的演进过程。研究这一过程，能够进一步抽象出产业环境下融合现象是如何通过企业、技术、政策、产品等要素发挥作用。当某个产业处在不同的融合阶段时，不同的融合类型会有着不同的表现形式。透过产业要素、新产品与企业之间动态关系的分析，能够反映出产业潜在的商业模式。

随着对产业融合规律认识的加深，对融合现象的识别研究是当前产业融合研究的热点主题。过去对产业融合规律的研究主要通过理论层面的抽象分析，结合质性的案例研究和宏观层面的产业经济数据分析。人们很快发现，这种研究方式具有时间上的滞后性，始终无法应对快速发展的产业实践需求。同时，产业数据分析对经济数据的质量要求很高，使得可分析的产业现象和研究问题大大受限。

企业经营活动是产业发展的基石，而企业创新活动则是孕育产业融合的源泉。产业融合的发展是一个漫长的过程，受到多种因素和外部环境的影响。在稳定的产业外部环境和内在因素作用下，企业活动的动态性和自主性特点使得产业之间的融合演变具有潜在的不确定性。研究产业融合往往需要从系统性整体观的角度，对整个行业进行观察，才能获得产业发展趋势的有效预测。

一、广告产业融合研究面临的主要问题

沿此思路，针对产业数据分析的特点，研究中国广告产业的产业融合现状，首先需要解决数据获取的问题。产业融合的主流研究方法是定量研究和理论分析，均离不开对企业信息的收集。对于广告产业，前者所用数据始终存在着可得性、统计口径和准确性的问题，后者作为一种高级研究方法，对理论的运用须建立在大量实证研究基础之上。广告产业具有企业分散度高且规模化程度低的特点，在现有统计方式下中小型企业极易被忽略，始终存在研究数据搜寻太困难、质量不稳定的难题，是导致广告产业融合研究遭遇瓶颈的主要原因。

除此之外，产业融合也是企业间的社会现象。在现代经济学体系中发展出来的产业融合理论长期以西方社会为研究对象，而一些国内研究在理论应用时，忽视了中西社会情境的巨大差异。我国企业的经济运转离不开对既定社会规范和文化策略的运用，离不开中国独特的文化背景和价值体系。在解释中国社会的企业运转和产业发展时，尤其是面对产业融合理论无法解释的现象，应从所处的文化背景或价值体系出发进行解释。

二、解决思路

（一）常见的产业研究数据来源

产业融合研究主流的实证主义思路强调数据基础上的定量分析，或是采用定性研究方法进行抽象的理论分析。前者研究广告产业始终面临着的数据可得性、统计口径和准确性方面的难题。后者作为一种高级研究方法，对理论的运用必须要建立在大量实证研究基础之上。因此，产业研究中获取可靠的数据是非常重要的。研究者可以根据研究目的，选用适合的数据来源，合理运用多种研究方法，获取多样化的数据信息，并加以分析和合理利用。

产业研究的数据资料要求能够反映经济变化发展，有标准化的采集方式和数据规格，方便获取，且可以采用稳定可靠的方法进行数据分析。常见的产业研究数据来源包括以下几种：

1. 统计数据

产业相关的统计数据可以从政府部门、行业组织、商业研究机构等渠道获取。这些数据通常包括行业总体规模、市场份额、产值增长率、就业人数等方面的数据。

2. 商业数据库

商业数据库可以提供涉及市场份额、收入数据、企业运营数据等行业指标的基础数据，如企业年报、财务报表、市场调查报告等。可以通过商用数据库供应商（如爱思唯尔、Gartner、IHS Markit、Forrester等）购买或使用。

3. 调查研究

通过市场调查、问卷调查和深度访谈等方法，获取产业的市场反馈数据、竞争对手动态、用户意见和行业趋势等信息。调查研究可以提供定位目标市场需求的洞见，有助于确定需求和机会，为研究者提供更丰富的资料。

4. 学术文献

学术文献可以为产业研究提供历史、文化、经验和理论支持。可以通过学术搜索引擎（如Google学术、百度学术、CNKI、万方数据等）获取相关研究文献。

5. 产业分析报告

产业分析报告由商业研究机构发布，通常包括市场份额、其他市场趋势、公司信息、行业动态等信息。这些报告还可以提供分析、评估、预测的数据和趋势。

然而，上述研究数据均无法满足当前广告产业融合研究的数据要求。一方面是我国广告产业研究起步晚，基础薄弱；另一方面是上述数据来源广告产业相关数据搜寻太困难，数据源较少，无法保障数据质量。广告产业本身具有开放系统特质，产业内的企业分散度高且规模化程度低。在广告产业中，领头羊型的大企业与中小企业共同以一套既定的规则组织在一起，构成了广告产业系统。从产业系统的整体性而言，中小型企业也是广告产业实现融合发展的重要力量，然而在现有统计方式下极易被忽略。这些问题的存在导致相关研究难以深入，更无法立足产业特征在产业创新监测、产业网络动态评估等命题下展开进一步探索。相关理论研究基础的不足，客观上制约我国广告产业的融合化进程，更无法借助产业融合对经济的推动作用改善自身发展质量、提升发展速度。

（二）经营范围概述

1. 法理基础

经营范围（Business Scope）指公司所从事的事业范围。具体而言，经营范围是指国家允许公司生产和经营的商品类别、品种及服务项目，反映公司活动的内容和生产经营方向，是公司业务获得范围的法律界限。经营范围是国家实现商事登记目的的集中体现，通过在章程中设立经营范围进行商事登记，达到对商事主体资格的法律个别认定，在西方国家一般称为"公司目的"或"目的条款"。[42]经营范围登记具有重要的对外公示意义，是商品交易法律适用性的前提和基础。[43]在我国，经营范围登记还具有关系经营活动本身合法性的法律意义，涉及四重法律关系：公司自身的确定与保护关系，经营者与股东的关系，公司与交易第三人的关系，以及公司与政府监管的关系。[44]

经营范围具备四方面的基本功能。第一是经营范围对公司自身的确定与保护。公司的设立是基于特定的意图，其最大特性是营利性，因此投资人注入公司的每一项投资都是为了特定目的而存在。规定经营范围实际上是对公司财产进行规划，选择了认为可以带来最大收益的项目集中财力经营，以期达到利润最大化的目标，充分有效地达到投资人设立公司的目的。第二是经营范围对公司股东的保护。公司作为法律上拟制的"人"，具有独立的法律人格，经营范围是在股东让渡财产权给公司后获得的对经营权的保护措施，是在委托代理关系基础上股东对于经营者监控的基本手段。第三是对交易相对方即第三人的保护。经营范围所具有的公示效力，既可以简化交易、节约成本，又可以为交易者提供辨识公司专业水平及产品服务范围的基本保证。同时公示经营范围也使得超范围经营的绝对无效性，保护了第三人利益。第四是为政府监管提供渠道。登记审查公司经营范围是政府在公司进入市场前对其进行的第一轮筛选，是市场准入制度的具体要求所在，有利于国家对经济的掌控。在公司的运营过程中，公司可以对经营范围进行变更登记，据此国家可以对进入市场后的商事主体进行监管，规制和预测市场的整体状态，且依此制定宏观调控政策。[44]

企业经营范围作为我国商事登记的必要事项，在登记或变更时必须依循国家相关规定实时公示，是企业法人业务活动范围的法律界限，反映出企业法人业务活动的内容和生产经营方向，以及企业经济活动的边界。在我国相关法律中明确规定：公司能否从事某种经营活动，由公司的经营范围决定；而公司能否具有某项经营范围，由公司登记机关登记审查决定，公司经营范围既是政府对市场准入的重要规制手段，也是公司登记机关审查的重要内容。[45]

在我国，企业经营范围事项通过全国各级工商机关为所有商事主体（含各类市场主体）统一办理登记或备案后，所有信息在"国家企业信用信息公示系统"内实时同步公示。国家企业信用信息公示系统是国家的企业信息归集公示平台，是企业报送并公示年报和即时信息的法定平台，从2014年3月起由国家工商行政管理总局正式开通，现由国家市场监督管理总局负责管理运营。该系统内公示信息主要包括两类，一类是企业自主填报的年报信息，另一类是企业按照《企业信息公示暂行条例》需向外公示的企业信息，包括：①行政许可准予、变更、延续信息；②行政处罚信息；③其他依法应当公示的信息。[46]该信息系统的建立为归集企业信息、深入研究市场演变提供了数据支持。

2. 经营范围相关理论

（1）范围经济理论

范围经济来自经济学家马歇尔提出的"联合生产"概念，是指企业生产两种或两种以上的产品而引起单位成本的降低。[47]现实的生产管理中，企业利用单一经营单位内原有的生产或销售过程来生产或销售多于一种的产品，从而节约成本。这种经济性是建立在企业同时生产多种产品满足市场多样性需求的基础上。企业一般通过追求范围经济来获得竞争优势、提高经济效益。尤其是在市场需求呈现多样化、个性化趋势时，企业会更加偏重小批量、多品种的生产形式。一个企业中，只要存在将两条或更多的生产线合并起来比各自分开生产更能节约成本的情况，就存在范围经济；进一步说，只要为两个或更多的生产线提供可供享受投入的服务成本是次可加的（即少于单独为每一条生产线提供服务的成本之和），那么这种多产品的成本函数就表现出范围经济的特征。[48]

企业的多元化经营是建立在范围经济的经济性之上。[49]在市场环境中，企业面临的需求决定其组织生产的关键因素：生产什么产品（提供何种服务）、生产产品的数量、产品投放市场的价格。当企业面临的需求趋同时，企业会依靠大批量生产带来的规模化效应，如早期福特汽车大批量生产模式的成功；或者在技术融合的基础上进行跨产业并购——多元化经营来实现范围经济效应，[5]以多品种、多规格的生产向市场提供更有竞争力的产品或服务。这种随着市场需求多样性而出现的范围经济，是企业进行多元化经营的理论依据之一。

范围经济以"成本节约"的逻辑，随着市场需求多样性而出现，体现了企业在生产功能领域形成的各种经营策略。因此，企业在技术融合的基础上进行跨产业并购，进行多元化经营，可以导致业务融合，进而促进产业融合的产生和发展。当不同产业出现技术融合后，不同产业拥有了相同或相似的技术基础。此时，企业为了追求范围经济而进行多元化经营，从而导致不同产业之间出现业务融合。[2]

（2）企业边界理论

企业边界是企业理论研究的另一个重要概念。持系统论观点的经济学家给企业边界下了一个比较宽泛的定义：企业边界就是既把企业与其外部环境区分开来，又把两者联系起来，同时具有缓冲和桥接功能的界限。从交易成本的视角看，企业边界主要涉及企业与市场之间的界限问题，其表现形式明确而唯一，是由效率所决定的生产规模。[50]作为有形的界限，企业边界可以分为横向边界和纵向边界。横向边界是指单一产品企业的生产规模或多产品企业的生产范围；纵向边界是指企业在多大程度上可以自生产那些需要从外部购买的商品和服务。本文参考樊花江研究企业经营范围时所界定的企业边界定义，即指在企业生产经营的基础上，企业经营规模所达到的程度和领域，从物质形态的角度来看是由土地、资本和固定资产等有形资源决定的企业边界。[51]

企业的边界命题关系到企业最根本的决策，即选择"生产什么，生产多少"。在纵向"产业链"或"工序链"上，企业最终的生产决策决定了企业到底从事哪些工序的生产或服务项目的供应，生产的产品或服务的规模是多大。企业在某种产品或服务上的"市场占有率"，也就相应地确定了企业的边界。同时，企业在产业体系中存在"横向联系"。企业边界会沿着纵向产业链的企业边界，延伸拓展至横向产业带上的横向延伸。这种延伸与"纵向产业链"共同形成"纵横交错"的产业体系。由此，企业边界得以在原有产业链上实现纵向"延伸"，也可以沿着存在技术共享和资源通用性的横向产业带，实现横向延伸。[52]因此，企业生产决策的选择范围，事实上涵盖了产业链内部的纵向延伸和跨越不同产业链的横向延伸。

也就是说，企业边界界定了企业的经营范围，同时也界定了所属行业市场的经营范围。企业的经营范围规定了企业经营活动在哪种程度上依靠自己来生产，在哪种程度上通过市场来完成。这种纵横交错的产业边界模式与"范围经济"相关，同时也决定了产业融合的发生演化同企业边界的变化有着密切联系。根据经营范围文本与企业边界的内在关联性，可以通过研究经营范围中反映的企业边界情况，了解到企业生产决策动向以及企业边界在纵向或横向上的变化。一旦产业融合出现，势必通过企业生产决策上的变化来指导生产，同时也可以反映在经营范围文本中。因此，经营范围文本是观察产业融合、研究融合规律的一项尚未得到开发的理想数据来源。

（3）经营范围与企业经营战略的相关性

从企业经营实践角度来看，由于企业当前的产品和市场与未来的产品和市场之间存有一种内在联系。企业制订经营决策时往往会根据企业现有的产品特性给出导向性的经营方向，同时围绕企业一定阶段的发展目标设定具有前瞻性的经营战略。灵活制订经营战略能够将企业与其环境有机地结合起来，使企业可以有效降低企业经营风险，正确把握经营方向。企业经营战略也会根据行业趋势和企业业务发展变化而不断调整，并反馈记录在企业的相关信息中。一般来说，不同的企业经营范围，对应于不同的经营战略，常见的经营战略有多元化战略、一体化战略、归核化战略和利基战略等。

樊花江总结，一般当企业的经营范围较大时，多元战略和一体化战略运用得较多，而当企业的经营范围较小时，更多地采取归核化战略和利基战略。[51]当企业发现具有优势和增长潜力的产品或业务，会沿其经营链条的纵向或横向扩大业务的深度和广度，形成一体化战略。所谓归核化战略，是指多元化经营的企业可将其业务集中到资源和能力具有竞争优势的领域，采用剥离非核心业务、分化亏损资产、回归主业保持适度相关多元化的方式。利基战略则是指小企业通过专业化经营来占领这些市场，从而最大限度地获取收益所采取的战略。

再比如从管理学角度，企业的经营范围对应于企业创造价值所包括的研发、生产、销售等活动，这些价值活动和利润部分共同组成企业的价值链。分析企业价值链、分解和整合价值链中的环节，可以获知企业的成本动因，进而对价值链中的非增值作业及增值作业进行有效管理，提高企业的经营绩效。业务外包是企业把内部业务的一部分承包给外部机构的一种经营策略，实质上是企业通过重新配置资源，将非核心业务外包出去，从而使业务更为集中，发挥核心竞争力构筑竞争优势，让企业获得持续发展能力和较强的灵活性。

企业通过整合资源、降低成本、提高效率、充分发挥核心竞争力和环境应变能力等方式,在经营管理过程中逐步形成其管理模式,很大程度上能够反映到企业的经营范围中。因而,研究经营范围能够帮助人们观察到微观企业层面上的经营战略变动。当企业的数量足够大、覆盖范围足够广时,可以提供中观层面的产业边界、经营绩效、产业结构等方面的信息和知识。

(4)企业经营范围的研究意义和应用价值

从企业边界理论和范围经济理论角度展开的企业经济研究认为,企业商事登记中必要的经营范围事项能够反映企业的经营战略、企业边界、经营绩效等,在企业构建关系中是一种技术性存在。企业经营范围的变化趋势可以反映出微观层面上的产业发展基础、产业间管理、结构关系、组织形态、企业经营绩效等方面的细微变化,对分析企业经营优势和成本管理有重要作用。考察商事登记中的经营范围事项,可以为研究企业经营战略、企业边界、产业发展基础、组织形态等问题提供事实依据,从微观层面反映出企业和市场的系统性变化机理和发展规律。

企业经营范围文本是我国较有特色的一种公开的企业信息,过去受限于资料处理的难度太大,一直没有获得足够的关注和深入研究,相关研究主要集中在概念属性、法理界定、政策制度、实务探讨等领域。例如,利用经营范围与企业业务环节的对应关系,张凤鸽运用赫芬达尔指数和相关性比率测量企业的纵向规模,发现随着时间序列变化,企业的经营范围会趋向集中,经营产品的相关程度会越来越高,验证了企业纵向规模不经济猜想。[53]通过理论层面的分析,有研究者将经营范围文本作为企业经济行业划分的数据来源,可以提供对企业的经济行业特征及相关性的分析。范敏敏采用计算机算法对经营范围文本进行自动分词、特征项提取、自动分类,建立了一个可实用的经营范围分类系统。[54]刘阳使用数据挖掘技术,将经营范围文本和企业知识产权、对外投资、风险信息、背景信息进行文本分析和可视化展示,设计出一种便于查询的企业画像系统。[55]此外,陈丽英等采用京东AI开放平台中的短文本相似度软件计算工商经营范围的相似性,作为测量两个竞争企业成为竞争对手可能性的方法。[56]

上述研究提供了两种经营范围文本分析方法。一是运用现有的第三方软件进行文本分析,这种方式简便易得,却难以了解应用软件背后的算法原理,计算过程严谨性易受质疑;二是采用计算机算法编程执行文本挖掘任务,存在技术难度大、过程复杂的难点,但是从算法严谨性来说优于前者。

一个产业市场内的市场主体包括多种企业形态,是市场的微观基础。立足于我国国情,企业商事登记中的经营范围事项能够反映出宏观层面的产业关联及产业结构关系,也能反映出微观层面的企业经营活动及企业间关系。通过挖掘企业经营范围构成的语义网络,有可能呈现出广告产业内部的业务交融及产业融合概况,为本研究探索新的研究方法、研究广告产业的相关问题提供基础数据。以中国广告产业市场企业主体的工商登记信息为研究素材,探索其作为广告产业融合现象识别研究数据来源具有现实的可行性与理论基础。

三、数据分析方法

作为我国商事登记的必要事项,企业在登记或变更时必须依循国家相关规定实时公示,因此经营范围的数据格式规范统一,文本结构简洁清晰。作为一种短文本,它具有长度较短、上下文依赖性较强、含有大量的专有词汇、总体数据量大、原文本由人工输入整理难度高等特点。相比长文本,此类文本的关键特征非常稀疏,存在大量变形词(同义多义),因此传统的文本分析方法如词频分析、共词分析等方法效果不佳。[57]从文本特点来看,采用传统的布尔模型和向量空间模型都面临分析难度大的问题。此外,在文本分词过程中,经营范围文本中的专业词汇通常会被分词程序自动按照普通词汇进行切分,降低文档模型对文本表示的有效性。因此,需要针对经营范围文本特征选用适合的文本挖掘方法。

同时,我们的研究面对着百万级别以上的海量数据,这就使数据处理的难度提高到另一个级别,远远超出了人工的处理限度。在满足社会研究的科学性要求前提下,必须借助专业化的计算机辅助内容分析方法完成研究任务。

根据上述特征,理论上来说,经营范围文本中存在着一个语义关系结构，和企业经营活动直接相关。可通过经营范围文本提取出企业的经营活动特点，分析产业内企业间经营活动特点的相似性，由此发现产业属性、结构关系、组织形态等隐含信息。据此，本文认为可通过文本挖掘分析企业经营范围文本信息，基于文本间的潜在关系抽象出背后的企业经营活动特征，综合利用多种分析方法获取其中的隐性知识；以此为基础开展质性研究，发现广告产业中的融合现象并结合产业现状展开分析研究。接下来，本研究的整个技术路线将以识别广告产业的融合现象为目标，采用以下方法展开研究探索。

（一）文本挖掘方法

文本挖掘任务就是利用数据挖掘、机器学习技术和信息组织方法，有效开发利用信息资源。大量研究表明，自动标引、自动聚类、自动摘要、自动分类等文本挖掘技术可以有效地组织、管理和分析大规模的文本信息。[58]

根据我们的研究目的，需要分析的企业数据规模已达到百万级别，不适用使用常规的文本分类技术。这是因为文本分类需要事先训练文本分类器，要通过人工搜集并标记数据样本，当面对大规模样本时就显得非常费时费力，并且当下互联网数据的即时性非常强，随时处于变化之中，文本分类要求对数据内部结构有先验知识的条件基本无法满足，因而采用文本聚类的方法显然更加适合。文本聚类属于无监督学习，可以对大量文本进行自动整理并归类，不需要预先对文本进行人工标注类别，适用于发现无结构文本集中的隐性概念和知识，因此，也就更适用于大规模的文本处理工作。

在前人研究基础上，我们采用自然语言文本挖掘算法中的LDA主题模型作为文本分析工具。LDA主题模型（Latent Dirichlet Allocation）属于一种无监督学习算法。该算法相比其他传统文本分析方法如基于词频或词共现的分析法，其优势在于具有严谨的概率统计理论作为基础，自动化的处理方式适合于大批量样本，且"文档－主题－词"的概率分布算法更擅长进行粒度细致的信息提取和加工处理。运用该算法可以快速概览百万甚至更高数量级的文本集，有效降低文本维度，避免维度灾难。同时，LDA模型具有较强的扩展能力，可以通过与其他方法相结合的方式，实现对文档中单一文本到全文本的数据化特征表示、主题抽取、主题演化等进一步分析。[59]LDA模型作为基础性的算法工具，在常见的文本挖掘任务如文本聚类、文本分类、新闻个性化推荐、文本自动摘要、主题排序等领域有着广泛的应用，与其他算法结合使用均能取得很好的效果。LDA作为提取文本主题的算法，能在微观层面对语义结构进行有效的文本表示和信息提取，能满足我们对经营范围文本信息处理和数据分析的需要，可为本文后续的深层次分析奠定基础。

（二）协同过滤算法

协同过滤算法是一种经典的推荐系统技术。所谓推荐系统是指根据用户的兴趣特点和购买行为，为用户推荐真正感兴趣的内容的软件系统。[60]推荐系统的算法具有学习能力，为用户提供的个性化体验是基于对一系列用户历史行为的分析。算法通过挖掘海量的用户数据来分析用户需求，计算用户或项目之间的相似性，据此推送用户可能感兴趣的信息。这种算法能够发现用户自身没有发现的潜在兴趣、习惯等，进而预测用户对某个特定项目的评价。协同过滤算法作为一种基础算法，存在着用户数据的获取难度大、模型求解复杂度高、不利于全样本预测等问题。为了克服上述缺陷，常常用来与各种改善文本内容理解的方法如深度学习、主题模型、社会网络分析结合使用，形成混合推荐模型，或是选择借助相关的机器学习模型来改进协同过滤算法的推荐精准度。在LDA主题模型的文本建模基础上，利用协同过滤算法的相似度计算能力，能够深入文本语义层面挖掘其内部隐含的语义特征。本文结合LDA主题模型和协同过滤算法作为文本语义的分析工具，在发现企业的潜在经营偏好、分析语义空间上的市场主体间关系和产业内在机理等任务上能获得更好的效果。

（三）适用于中国广告产业的数据资料

对于广告产业融合研究面临的难题，一些学者认为突破数据短板的关键是拓宽研究视野，大胆尝试不同的数据类型。学术论文信息、专利申报活动或专利数据库、企业与科研机构的合作项目和各类出版物等资料同样能够反映企业信息，[41]理论上存在着观测产业融合现象的可能性。针对这些资料，多种测度方法如专利引用、专利共类/共词分析和科技文献互引，已应用于各类高新科技领域的融合趋势预测和产业创新路径研究。另外，关联规则模型、LDA主题模型等算法也被用于测度方法的优化。相关技术在分析潜在技术趋势、预判创新规律和技术机会、指导技术创新战略等任务上表现良好，为探索广告产业融合研究奠定了理论基础。只是上述资料多用于技术迭代频率高、专利制度成熟的产业，却不适用于广告产业。

我们在实际的研究探索中，发现了一种中国特有的企业信息数据来源——企业经营范围文本资料。这是一种可以公开获取的企业公开信息，有统一的填报规范和数据规格，既能够反映出宏观层面的产业关联及产业结构关系，也能体现出微观层面的企业经营战略，具备了数据分析所必需的统计口径和标准化要求，是一项非常适合于产业研究分析的数据资源。

（四）语义网络分析法

语义网络分析法是以计算机为辅助的呈现和解释词语关系的文本分析方法。[61]语义网络作为一种知识表示模型，是基于图建立起来的抽象化数据结构。语义网络分析法具有可视化、语境化、概念化和推理化的特点。该类方法原理上基于语法逻辑，通过在信息资源中建立有针对性的、适宜的语义标签，将信息内容转化为计算机可识别的形式。计算机通过识别相关标签，实现将语义关系从纯逻辑转化为属性特征和关联关系，序化文献资料和属性之间的关系，帮助人类进行理解和推论。[62-63]

在语义网络中，节点表示实体、事件、状态等概念，边用来表示概念节点之间的关系，节点间的关系强度通过统计推导生成。如果两个节点越接近，表示它们之间具有越强的关系。该方法可运用可视化工具建构语义网络，降低人类信息处理时的认知负荷，更好地提取自然语言的语义，揭示信息中可能存在的潜在逻辑结构。最为关键的是，语义网络的建立提供了一个解释框架，将语言信息以有意义的方式连接为人类可直观理解的空间化信息网络，从整体上呈现信息的各种可能事实和规律。本研究采用了语义网络分析软件Gephi对经营范围文本主题进行可视化呈现，通过主题节点与信息之间的关系，尝试在语义层面挖掘潜藏的产业结构知识。

（五）计算机辅助内容分析法

计算机辅助内容分析方法（Computer-assisted content analysis，CCA）是社会科学领域的一个新兴的研究方向。在计算机辅助分析的过程中，人类所做的任何决策都必须像手工内容分析一样经过编码员信度测试。因此，本文在传统的计算机辅助分析研究基础上，采取内容分析法的工作步骤及分析路径，作为校验LDA主题提取流程及主题定义过程有效性的方法。研究员在对LDA算法程序进行评估时，需要以人类的相同编码操作当作参照，对研究过程所用到的算法和字典进行反复修改和调整，直到分析能够产生令人满意的结构效度水平。

LDA主题模型算法本质上就是代替人类完成文本阅读和归类的技术，它能够在无监督情况下由算法自动对大规模文本进行文本表示，把原来的文本内容按照词汇－主题概率分布和主题－文本概率分布翻译为数学语言。算法程序相比人类而言稳定性更好，因此LDA主题模型的提取过程具有很好的运行效度和分类效率。然而，在LDA主题模型的提取任务中，有多个环节需要以人类研究员的观察经验为准绳进行效果的评判，如LDA主题结果的定义和解释环节。按照社会科学研究方法论要求，研究过程一旦有人类介入，会在研究过程掺杂人类主观因素的影响，测量效度是判断计算机生成结果多大程度上能代表文本实际意义的主要手段。[64] 采用内容分析方法，通过编码员的参与和规范化程序的加入，可以有效地限制人类研究员观察经验对研究结果的影响，保证研究结论的有效性。

（六）小结

本文认为可通过文本挖掘分析企业经营范围文本信息，基于文本间的潜在关系抽象出背后的企业经营活动特征，综合利用多种分析方法获取其中的隐性知识。经营范围文本的既往研究提供了两种处理思路。从文本挖掘的角度看，经营范围属于短文本，具有上下文依赖性较强、关键特征非常稀疏，存在大量变形词（同义多义）、专有词汇等特点，文本表示难度大，传统的文本分析方法效果不佳。LDA主题模型（Latent Dirichlet Allocation，

LDA）是自然语言挖掘处理领域的经典算法，可发现文本的语义组合关系，挖掘出隐藏于市场表象下的知识和研究线索，能够满足本研究的任务需求。故本研究选择采用LDA主题模型为工具挖掘经营范围文本，开展广告产业融合现象的企业研究和理论分析。

四、研究设计

本研究选择从广告产业的市场主体入手，在中微观层面上创新广告产业问题的研究思路，利用企业商事登记中经营范围事项与企业经营战略、业务活动的相关性，探索一条适合于我国国情、能够有效反映出产业生产实际面貌的研究路径，为我国制定广告产业发展战略、探索产业研究机制提供理论支撑。

因此，本文围绕广告产业的融合现状提出两个基本的研究角度。一是采用文本挖掘的方式提取出企业信息背后的隐性知识，尝试建构一套可用于产业分析的综合性分析方法，帮助解决广告产业技术分析当前面临的数据缺失问题。二是将这套综合分析方法运用到产业融合现象识别预测研究中，结合中国社会文化情境分析广告产业的融合类型、潜在的产业模式及主要影响因素。

（一）研究思路

市场主体是市场上从事交易活动的组织和个人，即商品进入市场的监护人、所有者，具有自主性、逐利性和能动性等基本特性。企业经营范围文本作为一种具有法律效力的企业公开信息，能够反映宏观层面的产业关联及产业结构关系，也能反映微观层面的企业经营战略。它可以公开获取，有统一的填报规范和数据规格，具备了数据分析所必需的统计口径和标准化要求，是一项非常适合于产业研究分析的数据资源。

整个技术路线以识别广告产业与其他产业的融合现象为目标，在提取出企业经营范围文本信息背后的隐性知识基础上，探讨广告产业的产业融合现象及相关问题。经营范围文本体现的是企业经营活动的特征，可通过对

基于LDA主题建模的中国广告企业大数据研究

经营范围文本进行语义化处理，建构出产业内企业经营活动的相关性。在前人研究基础上，我们采用自然语言文本挖掘算法中的LDA主题模型提取出广告企业经营活动的主题特征，在微观层面揭示广告产业内部的语义结构，为后续的深层次分析奠定基础。LDA主题模型提取技术是适宜于经营范围文本特征的文本挖掘及数据分析方法，继而利用主题之间的语义组合关系进行可视化分析，体现出在语义层面上企业之间潜在的相似性。这种方法既可以克服大数据文本处理的技术问题，还可避免个人经验的局限，突破以往产业研究依赖专家评价的模式，挖掘出隐藏于市场表象下没有被发现的知识和研究线索。同时，采用人机测试结果对比的方式，论证本方法的有效性。为后续基于LDA主题分布为抽样框架展开实地研究和理论分析，进一步探讨广告产业组织形态、与相关行业的结构关系等问题奠定技术基础。

具体的研究共分四个主要步骤。第一，引入大数据技术建立基于企业商事登记信息的企业信息数据库，解决中微观层面行业分析数据缺失的问题。对经营范围文本，应用LDA主题提取相应的预处理步骤进行数据增强及分析，为实现全样本文本挖掘提供技术基础。第二，采用基于自然语言处理及文本挖掘技术的LDA主题模型，提取广告产业宏观层面的企业经营活动主题，分析广告产业经营活动的主题语义分布，为论证产业融合现象在广告产业内的跨行业融合现状和基本模式提供分析框架。第三，基于LDA主题模型的语义网络关系，采用协同过滤算法和Gephi可视化工具对广告产业经营活动展开结构关系分析。第四，以广告产业LDA主题模型为抽样框架，采用电话访谈和观察的方式调研各个主题下典型企业实际的广告业务，以产业融合的理论框架分析企业经营活动，揭示广告产业与不同产业业务交融现象的类型特征、现有业态的发展状况。在这个过程中，我们对LDA主题的主题定义方法基于社会科学研究的规范性要求进行了改进，并比较了人工行业分类法与LDA主题行业分类法的结果。

通过探究广告产业与其他产业互动融合的内在机理，本研究展示了采用大数据分析及文本挖掘等技术手段分析经营范围文本的具体过程，最终检验本文提出的研究方法在传媒经济领域具体研究中的适用性和可行性。

（二）研究对象

1. 样本选择与数据收集

本研究以国家企业信用信息公示系统发布的企业信息数据为数据来源（实际采集由北京金堤科技有限公司提供），采集国家企业信用信息公示系统数据库内登记的企业经营范围中含有"广告"两字的企业信息。

在国家企业信息数据库内符合筛选条件的总条目远远超过1亿条。考虑到研究的可操作性，以及广告产业发展与地区经济发展规模的密切关系，最终选择以中国城市生产总值（GDP）排名作为衡量广告产业集群程度和广告产业发展水平的评价标准（该排名根据2019、2020年各省及城市地区统计局官网发布的GDP数据排序得出）。采用整群抽样法，拣选GDP排名前四的上海、北京、深圳、广州作为本次研究数据抽样的选定区域。在国家企业信用信息公示系统数据库内，选择上述四个城市地区登记的企业经营范围中含有"广告"两字的企业为采样对象。

采样时间为2020年7月2日至2020年7月12日，总计获得企业工商登记信息1309010条。剔除非正常营业状态（登记企业状态为迁出、注销、吊销、停业、清算等）的企业后，最终采集到的正常经营企业中，经营范围含有"广告"二字的有效企业信息共1081221条。

2. 样本构成

从数据结构来看，已采集到的广告企业信息包括企业名称、经营状态、成立日期、经营范围、所属省份、企业所在地址、登记电话号码、邮箱、网址等字段（表3-1）。这些对企业基本信息的描述性数据，涵盖了上海、北京、深圳、广州涉及广告业务的所有在营企业，信息的结构化程度高，来源可靠，适合作为本研究的总样本。收集上述信息并检查其有效性及规范性，以此为基础建立中国广告产业企业信息数据库。

表3-1 广告企业基本信息实例

公司名称	法定代表人	注册资本	成立日期	经营状态
北京××服装服饰有限公司	×××	100万人民币	2006年3月31日	在业
公司类型	统一社会信用代码	所属省份	所属市区	所属区县
有限责任公司	91110101787799××××	北京	北京市	东城区
纳税人识别号	注册号	组织机构代码	企业公示的联系电话	参保人数
91110101787799××××	11010300945××××	78779××××	1013701××××	2
企业公示的联系电话	企业公示的地址	所属行业	企业公示的邮箱	企业公示的网址
1370139××××	北京市东城区永定门外大街××号××楼×层×××室	纺织服装、服饰业	6447×××@qq.com；7063×××@qq.com	—
经营范围				
加工服装；销售服装服饰；皮具；针纺织品；日用百货；五金交电；化工产品；建筑材料；工艺美术品；办公用品；电器设备；汽车配件；金属材料；技术咨询；投资咨询；咨询；均不含中介服务；家居装饰；设计；制作广告；会议服务；企业形象策划；图文设计制作				

从信息结构看，经营范围文本含有的信息量远多于其他事项。其余信息涉及的企业经营行为有限，如果经营范围文本挖掘任务能够具备分析广告产业经济发展规律的能力，可以将其他信息如企业所属地域、注册资本作为变量，从更多维度对企业的经济活动展开深入分析。

（三）数据预处理

在LDA主题提取研究中，文本的预处理是非常重要的环节。这一环节在很多研究文献中只是简短介绍或者直接略过。本研究根据文本特征和研究目的，总结出来一套实用可靠的经营范围文本预处理操作步骤。主要包括三个步骤：第一步，数据清洗和数据增强；第二步：自建专业词汇词典；第三步：中文分词。下面依次介绍各个步骤的操作过程。

1. 数据清洗和数据增强

从数据源直接导出的数据中总是存在部分项和记录的缺失、不完整和不一致，所以需要根据存在问题进行数据清洗。作为整个研究的基础性工作，文本清洗过程非常庞杂，需要耗费大量的人力时间进行数据的查缺补漏和规范化处理。

经营范围文本具有一定的结构性，是半结构化的数据。与非结构化文本相比，基本是简单中文短语或句子的排列组合，以陈述客观事实为目的，无先后顺序差异。从经营范围文本特点来看，若按照文本挖掘的常规处理方法用通用停用词表进行清洗，就会导致大量有效信息被遗漏，或无效信息被当作有效信息处理。与常规文本分析任务所用到的新闻文本、网络评论等存在很大不同，经营范围文本内容基本是由名词或动名词组成的短语或词组，长句子很少（表3-1），短语组合具有一定规律性，用到大量的专业词汇，必须要先以人工方式标识关键信息，以免计算机程序误读或错读。本文采用的LDA主题模型要求数据尽可能没有歧义，因此还需要对文本中一些常见的语病如语序不当、表意不明、成分残缺、重复、歧义词等问题进行人工勘误清洗。因此，我们放弃了常见的过滤低频词进行文本降维的方式，而采用人工清洗的方式降低干扰因素。

一是去掉干扰内容。经营范围的文本内容从国家数据库中导出时，会出现很多计算机读取数据带来的无关干扰内容，例如与本研究不相关的企业信息和无关字符，需予以删除。

二是增加人工语义阅读判断。例如有的经营范围词条中表述为"以上均不含广告"，这种在源信息抓取时，会被程序按照广告类企业进行收集。针对这类情况，在清洗过程中通过人工语义阅读进行判断，能够大大提高信息处理的正确性。

三是人工填写空缺值。对部分企业信息数据缺失或不完整的问题，主要采用的方法是参考其他可靠数据源，人工填写空缺值。对于经营范围文本实际含义为"非广告类/不含广告"的经营条目，全部需要依靠人工进行逐一检查剔除。

经处理后，实际获得的有效企业样本数量共计1070307条。

2. 自建专业词汇词典

在不同的研究任务中，分词过程扮演着决定最终LDA建模所用语料质量和主题提取效果的关键角色。使用中文分词软件进行分词时，会有大量属于特定领域的专有词汇被切分开，直接影响后续LDA建模的效果。本研究采用的jieba分词工具广泛应用在中文分词领域，提供有一些领域专有词汇的词表，但是无法满足本研究的行业及经营项目的分词要求。例如："企业形象策划"一词，在企业经营范围中是一个典型的企业经营活动名词，但是jieba分词工具会将其自动划分为：企业/形象/策划三个词，显然不符合我们的研究要求。

因此，我们使用jieba分词工具自带的用户添加自定义词典功能，以自建专业词汇词典的方式解决这一问题。从所有企业的经营范围数据的总样本中，按照1%的比例进行等距抽样，获得10800条样本数据作为词典的样本来源。采用人工阅读分句的方式，将每个经营范围分割为n个句子或短语，整理出经营项目的专有词汇，写入自建词典。此外，自建词典中添加了我国统计部门发布的符合经营范围登记及《国民经济行业分类》有关规定（整理文件清单附于论文后）的专有词汇或词组。考虑到仅采用抽样集的1万余条经营范围文本和国家发布的行业分类文件作为词典源，仍然有可能遗漏掉一些出现率较高的专业词汇或词组，因此在实验过程中人工收集到的常见词汇也一并补充到词典中。同时，在词典进行信效度检测时，编码员就词典和编码表的细化迭代提出的参考意见也一并作为词典迭代的信息来源。关于自建词典的信效度测试，将在第四章中具体介绍。最后整理出的自建词典共计10342个专有词汇，如图3-1所示。

珠宝首饰设计服务
珠宝玉器
竹材采运
竹炭制品
主办杂志
主持表演
主持人
主题公园
助动车制造
助动自行车
助剂制造
助眠器
助听器
住房服务
住房租赁
住宿餐饮服务
住宿服务
住宿配套服务
住宿业

图 3-1　自建专业词汇词典图示

3. 中文分词

采用中文分词领域最为经典的分词工具 jieba 分词。使用 jieba 精确模式，导入上述自建词典，对总样本文本按条目进行分词处理。

4. 实验环境

本文的操作系统为 Window10，所有计算机程序的开发语言均是 Python，使用的集成开发工具为 PyCharm、jupyter notebook。

第四章

经营范围文本LDA主题模型的建模及优化

采用LDA概率主题模型对经营范围文本建模，是利用文本挖掘技术，在中微观层面进一步拓展广告产业融合问题研究的关键步骤。本研究希望能够基于国家企业信用信息公示系统内公开发布的企业信息，利用大数据技术和文本挖掘方法提取经营范围文本的隐含主题，探索中微观层面广告行业分析数据缺失问题的有效解决办法。

一、研究思路

通常，计算机处理文本首先需要进行分词或关键词提取，但是直接提取只能获得计算机无法读取的非结构化数据。此时需要借助文本表示工具作为连接二者的桥梁，通过文本表示工具将文本转换为计算机可以计算的数据形式，使得聚类工作得以实现。不同的文本类型适合于不同的文本表示模型，好的模型能更好地还原文本信息。

本研究以广告企业的经营范围为研究对象，需要通过文本挖掘方法分析百万级别规模的文本资料。经营范围文本具有长度较短、上下文依赖性较强、含有大量的领域专有词汇、总体数据量大、原文本由人工输入整理难度高等特点。相比长文本来说，短文本的关键特征非常稀疏，存在大量变形词（同义多义），没有足够的信息量来进行统计推断，因此传统的文本分析方法如词频分析、共词分析、向量空间模型等经典分类方法效果不佳。[65]除此之外，传统的文本特征表示方法大多以标签特征及正文特征生成特定规则进行提取，没有考虑文本信息之间的关系，存在如对短文本分类效果不好、分析效率低下、计算维度过高。从文本特点来看，采用传统的布尔模型和向量空间模型都面临分析难度大的问题。此外，由于经营范围文本含有大量的专有词汇，这些专有词汇在进行文本分词操作时，通常会被分词程序自动按照普通词汇进行切分，降低了文档模型对文本表示的有效性。

结合隐含主题和个案聚类两个层面的分析思路，我们提出以LDA主题模型分析经营范围文本的研究方案。采用LDA主题模型提取文档集内各个文本的主题及核心关键词，基于细粒度的词特征提取出广告类企业在实际经营活动中的业务主题和关键词集。通过LDA主题模型对文本内容之间语义关系进行挖掘，来实现对高维度文本的建模、主题发现和聚类分析。LDA主题模型属于一种无监督学习，可以快速概览各个企业的经营范围文本，有效降低文本维度，避免维度灾难。同时，LDA模型具有较强的扩展能力，能够实现对文档中单一文本到全文本的数据化特征表示、主题抽取、主题演化等分析。[65]目前LDA模型作为基础性的算法工具，应用在常见的文本挖掘任务如文本聚类、文本分类、新闻个性化推荐、文本自动摘要、主题排序等，也可以通过与其他方法相结合取得更好的效果。

二、文本挖掘的理论基础

近年来，随着信息网络化和大数据化迅速发展，采用数据挖掘技术在海量数据中提取散布在文本中的有价值信息，已经发展成为信息挖掘领域一个重要的研究分支——基于文本信息的文本挖掘（Text Mining，TM）或文本知识发现（Knowledge Discovery in Text，KDT）。文本挖掘是指从大量文本数据中抽取事先未知的、可理解的、最终可用的知识的过程，同时运用这些知识更好地组织信息以便将来参考。[67] 文本挖掘是一个交叉性学科，涉及信息检索、自然语言处理、机器学习、数据挖掘、人工智能、统计学等多个领域。简单来讲，当数据挖掘对象由文本组成时，对数据的处理就可以称为文本挖掘。日常生活中常见的各类海量文本（如文档、网页、电子邮件、新闻报道等）中隐含大量有价值的知识和信息有待深入分析，若是可以使用方便有效的工具提取出大规模文本数据背后的知识或模式，就能帮助企业、政府、组织做出更好的决策。文本挖掘正是为了实现这一目的，从数据挖掘技术发展而来。

文本挖掘通常分为文本分类和文本聚类两个主要研究内容。文本分类属于有监督学习，文本聚类属于无监督学习。由于文本分类需要事先训练文本分类器，要通过人工搜集并标记数据样本，当面对大规模样本时就显得非常费时费力，并且当下互联网数据的即时性非常强，随时处于变化之中，文本分类要求对数据内部结构有先验知识的条件基本无法满足，因而采用文本聚类的方法显然更加适合。文本聚类可以对大量文本进行自动整理并归类，不需要预先对文本进行人工标注类别，适用于发现无结构文本集中的隐性概念和知识，因此，也就更适用于大规模的文本处理工作。文本挖掘的通用流程主要包括以下步骤：

1. 数据准备

文本挖掘或数据挖掘的必要基础是准备好适合研究的数据。根据研究需要，文本挖掘可以利用爬虫技术在网站或数据库中获取相关文本，爬虫技术的普及使得可获取的文本类型范围很广。各类组织、机构、企业等累积有大量非结构化文本数据，也可以作为数据源。

2. 文本预处理

又称为文本清洗，包含获取原始文本、文本清洗、分词、特征提取、文本表示等步骤。文本是非结构化的杂乱信息，从数据源收集而来的文本是无法直接进行挖掘的。由于经营范围文本是短文本内容，涉及主题范围广、文本当中存在大量的噪声词，需要处理文本中的噪声词、异常值和缺失值。比如，将数据中与研究无关的信息予以删除，整理文档中语法不准确、异常词汇、混杂符号、不正确的句子拆分等等各种问题，最终筛选出符合研究需求的信息。预处理的目的是将文本结构化、标准化，以便从文本中能够提取出足够的关键词。

3. 分词

在自然语言处理领域，词是最小的有意义单位。中英文因为不同的语言结构和语义构成，使得文本的分词处理方式存在很大差异。目前中文分词算法已经发展得较为成熟，能够达到较好的自然语言处理效果，帮助计算机理解复杂的中文语言。一般来说，采用分词、词性标注、去除停用词操作将文本中所有词进行切分和标记，根据不同的研究需要提取内容。分词算法在分词过程中会按照自带词库对文本进行分词，可在自定义词典里增加特定专有词汇，能够提高分词效果，增强歧义纠错能力。中文领域常用的分词算法有jieba、哈工大pyltp、THULAC等。

4. 特征提取

特征提取是文本挖掘的关键步骤，是利用算法工具将文本内容转化为挖掘工具可以处理的中间形式。任何文本挖掘任务都需要以适合的方法提取出较好的文本特征，才能取得好的结果。

5. 特征选择

特征选择是指从文档所有文本的原始特征空间中提取出有代表性的特征，剔除"不好的"无关特征、冗余特征和噪声。对特征选择的任务要求得到的特征子集要尽可能小，能够识别目标，并不改变原始数据集的类分布，故而需要有较好的稳定性。

6. 文本表示

文本是由人类自然语言组成，必须采用结构化的数学模型将非结构化的文本进行转换，而词是文本的最小语义单位，可以用一组词来表示文本，相应的词组合就是文本表示。

三、经营范围的文本挖掘思路

与数据挖掘不同的是，文本挖掘的对象是海量的非结构化文本内容，由于使用的是人类的自然语言，无确定形式且缺乏计算机可理解的语义，因此需要考虑如何将文本符号转换成计算机能够处理的数据类型。文本表示要包含足够的信息反映文本特征，同时算法不能过于复杂，要以计算机可以理解的方式进行抽象表述。近年来，随着大规模数据集的普遍化，高维数据越来越多，呈现出特征维度多但样本稀少的特点。这种数据特征使得传统特征提取方法的性能可能不升反降，易引发"维数灾难"以及"过拟合"问题。[68]结合到当前高维文本自身的特点，就对相应的计算过程提出了特定的降维要求。具体来说，需要根据不同文本以不同的数学建模方式将文本内容转置为计算机可以读懂的语言，且可以进行特征表示和数学运算。

特征提取将文本转化成一种类似关系数据且能表现文本内容的结构化形式，一般文本经结构化处理后，文本的特征空间维数通常较高，因此特征提取的关键在于对空间维度的压缩。大量文本样本处理后，往往会得到多而杂的特征，其中大部分特征属于无关特征，因此好的方法是既能够提高处理速度和聚类精度，又能较好地保留有效文本特征，提高后续操作的能效。典型的方法有主成分分析（PCA）、线性判别分析（LDA）、典型相关分析（CCA）、多维尺度变换（MDS）、偏最小二乘法判别分析（PLS-DA）等等，近年来还发展神经网络方法如BP神经网络、卷积神经网络（CNN）等。

同时，对特征选择的任务要求得到的特征子集要尽可能小，能够识别目标，并不改变原始数据集的类分布，故而需要有较好的稳定性。经典方法有Filter法、TF-IDF法、Word2Vec法、CountVectorizer法等。尽管这些方式的计算耗损小，运算速度快，但是只保留对表达文本内容作用较大的一些特征，存在文本信息损耗的问题。

随着机器学习和深度学习技术的不断发展，另一类以学习的方法筛选文本特征的方法出现，如运用卷积神经网络、引入LDA主题模型对文本特征进行更为精确的选择等。[69]这些方法往往是从原有文本特征中重构出新的特征，即转化为其他有更强代表性的表达形式，使得所耗费的计算资源更少，损失的特征信息更少。随着越来越多的方法被应用在特征选择中，算法结构越来越复杂，反而导致计算量大、容易出现过拟合的问题。因此，选择适合的文本特征提取方法，并不是算法越复杂越好。反而是需要在对特征进行选择、简化、尽量降低维度的基础上，尽可能地降低算法的复杂度。

在文本挖掘的研究流程里，文本表示是当前大规模文本计算的一个热点。常用的文本表示模型有布尔模型、向量空间模型、潜在语义模型、概率模型等。根据文本特征，选择一款简洁高效的算法将大大有利于建立对象文档集的特征表示。与其他模型相比，概论模型中的经典模型可以实现细粒度的信息提取和加工处理，为探索本章的研究问题提供了一条解决途径。

四、LDA主题模型方法概述

主题模型（Topic Model）是概率模型中的典型代表，在短文本的主题建模研究中表现较好，是主题发现、文献计量、情感分析、语义网络等领域的研究热点。主题模型是以非监督学习的方式对文集的隐含语义结构（Latent Semantic Structure）进行聚类的统计模型，可以按照文档中词的分布直观地表达、提取出隐含在文档集中的主题，主要被用于自然语言处理（Natural Language Processing）中的语义分析（Semantic Analysis）和文本挖掘（Text Mining）问题。

本研究所采用的隐含狄利克雷分布（Latent Dirichlet Allocation，LDA）就是主题模型中的一种经典算法，可自动识别大规模文本中的潜在主题信息。

（一）LDA主题模型基本原理

LDA（Latent Dirichlet Allocation）是一种适宜于大规模文档主题或语料库的主题生成模型。2003年，Blei等以贝叶斯派的视角，[70]在pLSA模型（LDA之前的另一个概率模型）基础上加入了Dirichlet先验，提出了LDA主题模型，因此LDA被看作是pLSA的贝叶斯化版本。该方法最初比较复杂，而且训练得到的词-主题并非全局最优分布，而是局部最优分布，直到后来加入了Collapsed Gibbs Sampling方法后，推导和使用才更为简洁明了。与传统的基于向量空间模型或词共现频率的文本主题分类算法相比，采用LDA进行文本分类的优点是不需要人工对语料进行标识，能够实现对文本主题的自动挖掘，从而大幅提升效率，降低人工因素对文本分类的干扰和影响。LDA的理论基础涉及非常精妙的概率论和数理统计思想，包括贝叶斯估计、二项分布、多项分布、共轭分布、图模型、Dirichelet分布、马尔科夫链条（Markov Chain）、Gibbs Sampling等知识。[71]

根据贝叶斯统计理论思想，LDA通过给参数赋予一个先验分布，并使先验分布与后验分布共轭，通过求出后验均值来得到两个参数$\vec{\theta}$和$\vec{\phi}$的估计。所谓先验分布和后验分布，是贝叶斯学派的一个基本观点，认为在关于θ的任何统计推断问题中，都存在一个关于信息的先验信息的概率表述（即服从人们基于经验主观得到的某个分布），而后验分布是综合了样本X以及先验分布$\pi(\theta)$所提供的有关信息。用公式解释，贝叶斯参数估计的基本过程可简化为：后验分布 = 先验分布 + 数据知识。[72]因此，根据贝叶斯理论的推断方法就可以仅在通过观测值算出后验分布$\pi(\theta|X)$的情况下，更新这个分布假设，最终得到X发生条件下事件的状态和发生概率（也就是数学期望值），从而帮助人们进行事前预判和决策。

在理解这个过程时，需要理解数学中的共轭关系。贝叶斯统计理论将先验分布与后验分布属于同类的情况称为共轭分布，顾名思义二者属于共轭关系，而先验分布被称为似然函数的共轭先验。[73]在LDA的数学推演过程中，共轭是指当数据符合多项分布时，选取一个函数作为似然函数的先验概率分布，使得后验分布函数和先验分布函数形式一致。这样的好处是能够在先验分布中赋予参数很明确的物理意义，而且这个物理意义可以延续到后验分布中进行解释。[72]似然函数在此所扮演的角色就是贝叶斯估计过程中的"数据知识"。

运用数学推导方法，在此引入狄利克雷分布（dirichlet distribution）。狄利克雷分布作为多项分布（multinomial distribution）的共轭先验分布，是Beta分布在高维上的推广。在LDA的任务中，参数是每个词汇产生的概率估计值，它表示的是对应事件的先验超参数和在整体计数中的比例。文档中词汇产生的概率为$\vec{P} \sim Dir(\vec{p}|\vec{\alpha})$，词汇出现的$n$次数服从多项分布$Mult(\vec{n}|\vec{p})$，在给定了数据知识后，$\vec{P}$的后验分布变为$Dir(\vec{p}|\vec{\alpha}+\vec{n})$。根据狄利克雷分布函数密度公式，"数据知识"——似然函数表示为超参数α的似然函数$Dir(\vec{p}|\vec{\alpha})$，从而推导出参数$P$[89]。对每一个参数$P_i$，其概率估计值为：

$$\widehat{p_i} = \frac{n_i + \alpha_i}{\sum_{i=1}^{V}(n_i + \alpha_1)}$$

由此，可以进一步算出整体文档的词汇生成概率为：

$$p(W|\vec{\alpha}) = \frac{\Delta(\vec{n}+\vec{\alpha})}{\Delta(\vec{\alpha})}$$

由于后验分布和先验分布间存在共轭关系，根据贝叶斯统计原理，此时的任务从估计参数 P 转为计算后验分布。通过不断增加的新观测值，实际上后验分布又可以作为先验分布来进行计算，通过乘以似然函数，得到修正后的新先验分布。基于这一数学模型，在实时更新的数据场景中，可以通过将大数据转化为分批的小批量数据计算后验分布，通过不断更新数据来修正模型。这类基于贝叶斯法估计参数的方法特别适用于大数据场景下的数据分析，而且随着数据量的不断增多，后验的不确定性会不断减小，也就是说模型的准确性会随之提高。

除此之外，在LDA推演过程中，另一个重要问题就是给定的"数据知识"如何生成。也就是说，按照什么方法对样本进行采样，能够在随机前提下做到所抽样本的半稳分布，实现对样本总体的分布表达。在LDA模型领域中最为常用的两种经典方法是MCMC（Markov Chain Monte Carlo）和Gibbs Sampling算法，可以获得很好的统计性质。这两种方法都是从马尔科夫链条法推导而来，作为随机采样方法在机器学习、深度学习和自然语言处理等领域都有广泛的应用。

统计学被科学家们称为猜测上帝的游戏，自然语言文本在此被看成是上帝所抛出的骰子生成的。通过复杂而精妙的演算，LDA可以帮助我们观察到在文档库中以随机抽样的方式如何生成一篇文档，并且根据上帝丢骰子的结果——词序列构成的文档语料，推测出上帝如何玩这个游戏——通过后验分布估计出参数 α 和 β 的似然函数，从而估计出参数 $\vec{P}$。

（二）LDA文本建模

LDA模型的本质其实是词袋模型（Bag of Words），对一篇文档的词汇仅考虑是否出现，而不考虑出现的顺序。按照贝叶斯方法，计算文档的生成概率需要每次提取出一个词来计算其出现概率，这个抽取过程属于多项分布。基本思想是把整个文档库看作一个三层空间，假设每个文档均是由多个主题混合而成，每个主题由多个词汇构成，文档中的主题分布和词分布由Dirichlet先验随机确定；文档库中所有文档都按照"先以某种概率选择其中一个主题，然后在该主题中以某种概率选择一个特征词"的方式生成。在LDA模型中文档和词是显性可观察的，主题是一个抽象概念，因而中间的主题层就要通过LDA文本建模的形式得以呈现。

假设在文档集中有M篇文档，$\vec{w}_m$表示第m篇文档中的所有词，$\vec{z}_m$表示这些词对应的主题编号，则所有特征词$\vec{w}$和其对应的主题$\vec{z}$可表示为式（4.1）所示。

$$\begin{cases} \vec{w} = (\vec{w}_1, \vec{w}_2, \cdots, \vec{w}_m) \\ \vec{z} = (\vec{z}_1, \vec{z}_2, \cdots, \vec{z}_m) \end{cases} \quad (4.1)$$

设此时有一篇文档 X，这篇文档由V个服从独立同分布的不同词汇构成，N为文档集中的总词频，每个词被抽到的概率记为$\vec{P} = (P_1, P_2, \cdots, P_v)$，每个词$v_i$的发生次数是$n_i$，每个词汇可能出现的次数分别是$\vec{n} = (n_1, n_2, \cdots, n_v)$次，服从多项分布。按照Dirichlet分布和共轭关系知识，多项分布的概率似然函数表示为超参数α的似然函数$Dir(\vec{p}|\vec{\alpha})$，通过求出参数$\alpha$后验分布的极大值点，或者是参数$\alpha$在后验分布下的平均值，可以估计出参数$\vec{P}$。

LDA整个数学推导过程较为复杂，但是最终的建模过程非常清晰简洁。在LDA实际建模迭代过程中，各个文档生成词汇的过程相互独立。通过遍历文档集，程序只需要不断地对每个单词所属的主题编号进行重新指定（不断修正文档中主题概率分布的超参数α和词汇概率分布的超参数β的信息），通过期望公式计算并迭代训练主题分布$\vec{\theta}$（文档→主题）和词分布$\vec{\phi}$（主题→词汇）两个概率向量，从而最终趋近于后验分布[89-90]。其中，超参数α决定了$\vec{\theta}$，β决定了$\vec{\phi}$。具体分为两步：

第一步，$\vec{\alpha} \rightarrow \vec{\theta}_m \rightarrow Z_{m,n}$。在生成第$m$篇文档时，先抽取一个文档主题分布$\vec{\theta}_m$，然后生成文档中第$n$个词的主题编号$Z_{m,n}$。

第二步，$\vec{\beta} \rightarrow \vec{\phi}_k \rightarrow w_{m,n} | k = Z_{m,n}$。在生成文档集中第$m$篇文档的第$n$个

词时，从所有 K 个主题-词汇分布 $\vec{\phi}_k$ 中，挑选标号为 $k=Z_{m,n}$ 的主题生成词汇。

两步分别对应于两个 Dirichlet-Multinomial（狄利克雷-多项分布）共轭结构 $\vec{\alpha} \to \vec{\theta}_m \to \vec{z}_m$ 和 $\vec{\beta} \to \vec{\phi}_k \to \vec{w}_k$，$\vec{\theta}$ 和 $\vec{\phi}$ 分别服从 $Dir(\vec{\alpha})$ 和 $Dir(\vec{\beta})$ 的先验分布。结合文档-主题分布和主题-词汇分布的概率向量，LDA主题模型中主题和词的联合分布概率公式如下：

$$p(\vec{w},\vec{z}) \propto p(\vec{w},\vec{z}|\vec{\alpha},\vec{\beta}) = p(\vec{z}|\vec{\alpha})p(\vec{w}|\vec{z},\vec{\beta})$$

$$= \prod_{m=1}^{M} \frac{\Delta(\vec{n}_m + \vec{\alpha})}{\Delta(\vec{\alpha})} \prod_{k=1}^{K} \frac{\Delta(\vec{n}_k + \vec{\beta})}{\Delta(\vec{\beta})}$$

这个过程最终形成一个三层贝叶斯概率生成模型（图4-1），包含文档、主题、词三个层次。图中的阴影圆表示可观察变量，非阴影圆圈表示潜在变量，箭头表示两变量间的条件依赖性，方框表示重复抽样。

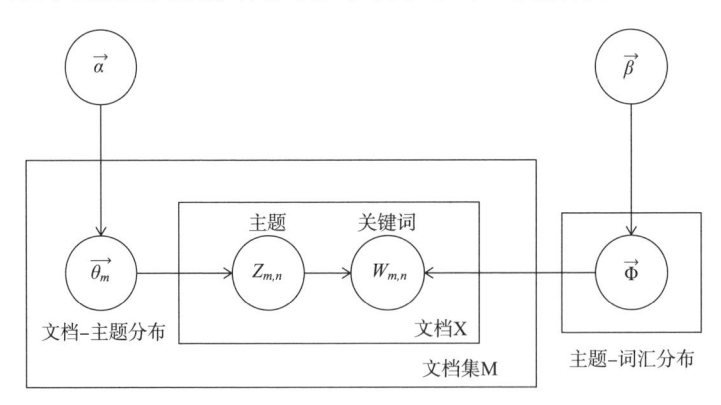

图 4-1　LDA 主题模型的经典盘子图

根据上述的联合分布 $p(\vec{w},\vec{z})$，程序需要执行对分布 $p(\vec{z}|\vec{w})$ 的采样。本文采用 Gibbs 采样算法对 LDA 主题模型中的参数进行估计，方法原理是利用采样公式迭代求解文档集中 $\vec{\theta}_m$ 和 $\vec{\phi}_k$ 的后验分布，从而估计出模型中两个未知参数 α 和 β。设文档库中第 i 个词对应的主题特征词 z_i，$i=(m,n)$ 记为第 m 篇文档的第 n 个词，$\neg i$ 表示去除下标为 i 的词。根据贝叶斯法则，由于 $z_i=k$，$w_i=t$，综合上述两个 Dirichlet-Multinomial 共轭结构，LDA 模型的 Gibbs 采样公式如下所示：

$$p\left(z_i = k \mid \vec{z}_{\neg i}, \vec{w}\right) \propto \frac{n_{m,\neg i}^{(k)} + \alpha_k}{\sum_{k=1}^{K}\left(n_{m,\neg i}^{(t)} + \alpha_k\right)} \cdot \frac{n_{k,\neg i}^{(t)} + \beta_t}{\sum_{t=1}^{V}\left(n_{k,\neg i}^{(t)} + \beta_t\right)}$$

综上所述，通过Gibbs采样法训练LDA模型的流程如下：

第一步：随机初始化。对文档集中每个特征主题词w，随机分配一个主题编号z；

第二步：重新扫描文档集，对每个词w，按照Gibbs采样公式对它的主题进行重新采样，更新参数估计值；

第三步：重复以上采样过程直到遍历文档里的每一个词汇，到Gibbs采样收敛为止；

第四步：统计上述主题-词汇的共现频率矩阵，该部分就是LDA模型。

由于Gibbs采样公式$\vec{\phi}_k$部分稳定不变，因此针对某个文档集训练完成的LDA模型，如果有同类型的新文档需要加入，只需要加入新文档估计新的主题分布继续运行。

（三）LDA的主题数选取

一般认为，LDA主题抽取的质量会直接影响到主题抽取的效果和最终的研究质量。LDA采用词袋模型，仅考虑一个词汇是否出现在一篇文档中，而不考虑其在文档中出现的先后顺序。LDA进行运算之前，主题的数量K需要预先给定，一般而言，文本集越大，提取出的主题数目也就越多。在LDA模型中根据不同的粒度划分文本集内的主题，就会得到不同的主题数。[74]

针对实际操作中如何确定最佳主题数，不同的学者提出了不同的方法，在中文文本挖掘领域主要有三种：一是计算词向量之间的相似度，例如主题相似度计算，目前使用比较广泛的有余弦相似度、KL相似度和JS相似度。[75-76]但是这类算法时间复杂性较高，在实际应用中效率不高。二是主题方差确定最优主题数目的方法，该方法依赖于Gibbs抽样的过程，计算复杂度较高，且只能用来确定主题数目，无法刻画模型的泛化能力。三是采用困惑度（Perplexity）作为评价模型好坏的标准，LDA主题模型的提出者Blei提出以困惑度作为指标衡量主题数目。一般认为困惑度越小，模型越好；但是在实际应用中往往发现，根据困惑度选取的主题数目会偏大，从而导致抽取的主题之间相似度较大，主题辨识度不高。除此之外，李湘东等、[77]王国睿等、[78]曾子明等[79]根据困惑度数值和主题个数的变化趋势，结合实际文本的观察进行主题数目的筛选，取得了较好的研究效果。

总而言之，目前在LDA的主题数确定方法上仍未达成共识，以上确定LDA最优主题数的方法，主要存在模型复杂度较高、分析所得主题的辨识度不高、应用范围缺乏验证等问题。因此，在实际操作中，需要根据不同的学习任务，采用逐级提升主题数增大实验和人工校验主题提取质量相结合的方式，获得较好的训练效果。

（四）结果评估

训练后的结果验证环节，设计者使用了一个困惑度（Perplexity）的指标来检验模型质量的好坏，以及训练是否收敛。在概率语言模型中，困惑度是用来评估语言模型优劣程度的一个常用评估标准（Evaluation Metric），是对交叉熵损失函数进行指数运算后得到的值。基本思想是，给测试集的句子赋予较高概率值的语言模型较好。较小的困惑度意味着模型对新文本有较好的预测作用，所以困惑度一般遵循随着潜在主题数量的增加呈现递减的规律。简单来说，可以理解为，对于一篇文章d，所训练出来的模型对于文档d属于哪个主题这个问题有多不确定，这个不确定就是困惑度。一般来说，困惑度越小，句子概率越大，语言模型就越好，也意味着聚类的效果会越好。计算公式如下：

$$\text{perplexity}(D_{\text{test}}) = \exp\left\{-\frac{\sum_{d=1}^{M} \log p(W_d)}{\sum_{d=1}^{M} N_d}\right\}$$

$$= \exp\left\{-\frac{\sum_{d=1}^{M} \overbrace{\sum_{w_i \in d} \log\{\sum_{z \in d}(p(z|d) \cdot p(w_i|z))\}}^{\log p(W_d)}}{\sum_{d=1}^{M} N_d}\right\}$$

$$\text{perplexity}(D) = \exp\frac{\sum_{d=1}^{M} \log p(W_d)}{\sum_{d=1}^{M} N_d}$$

其中，D 表示文档中所有词的集合；M 表示文档的数量；W_d 表示文档 d 中的词；N_d 表示每个文档中 d 的词数；$P(W_d)$ 表示文档中词出现的概率。

最佳情况下，模型总是把标签类别的概率预测为1，此时困惑度为1；最坏情况下，模型总是把标签类别的概率预测为0，此时困惑度为正无穷；基线情况下，模型总是把预测所有类别的概率都相同，此时困惑度为类别个数。当主题数越大，困惑度数值会逐渐下降，而主题数太多时，LDA模型计算代价越大，模型过拟合的风险就越大。因此采用困惑度进行评估时，很多文献中根据奥卡姆剃刀准则，在保证模型尽量覆盖差异化的主题，选择以困惑度数值局部最小而主题数最少的值作为LDA主题数的最优值。[79-80] 也有文献采用主题困惑度和主题一致性（Coherence）指标以及主题模型的可解读性来确定主题数。[81] 或者是结合困惑度节点和LDAvis可视化主题密度的方法，确定最优的主题数目（LDAvis中圆圈间的密度代表主题聚类的效果，圆圈间的密度越大，主题聚类效果越好）。[82]

五、研究设计

（一）研究思路

在此简单举例说明LDA主题模型的研究思路。LDA主题模型是在无监督情况下由算法自动对大规模文本进行文本表示的方法，把原来的文本内容按照词汇-主题概率分布和主题-文本概率分布翻译为数学语言。比如下面的例子：

经营范围1：销售服装服饰；五金交电；

经营范围2：销售日五金交电；日用百货；服装；文具；

经营范围3：技术咨询；图文设计制作；家居装饰设计；广告制作；

经营范围4：会议服务；企业形象策划；广告制作；图文设计制作；

经营范围5：广告制作；销售五金交电；文具；

文档中每个词语的概率通过下面的概率公式来表示：

$$p(词汇|文本)=\sum_{主题} p(词汇|主题) \times p(主题|文本)$$

假设给定2个主题类别，LDA模型可能会输出以下结果（表4-1）：

表4-1　LDA主题模型输出结果示例

	特征词	主题定义
主题A	销售，五金交电，服装服饰	销售业务
主题B	广告制作，图文设计制作	广告业务

经营范围1和2：是主题A的概率分布为100%；

经营范围3和4：是主题B的概率分布为100%；

经营范围5：60%是主题A，40%是主题B。

通过这个简单的例子，可以发现LDA主题模型通过计算各个词汇在每篇文献当中共现次数的概率统计，挖掘隐藏在文本之下的语义结构。通过增加一个抽象的主题层，使文本内容可以用数学模型来表示。该模型把每一个文档看作一个词的分布，以易于计算机理解表达的数学建模形式替代文本信息，直接降低了问题的复杂性和难度，从而解决传统文本表示过程中存在的诸多问题。这是因为LDA采用了词袋假设，不仅能让文献当中存在的不确定性和噪声干扰得到有效解决，还同时具备降维能力。更重要的是，LDA主题模型属于贝叶斯网络模型，具有较好的扩展能力，能够适用于各种元数据、结构化信息。因此，越来越多的大数据分析研究选择利用LDA主题模型来优化各类算法及数据的运算规则。

（二）经营范围文本的主题建模及提取流程

使用LDA主题模型，通过算法求解参数和，可以得到经营范围文本样本库每篇文档中的主题分布及各主题下词的分布。LDA算法建模的计算过程，首先是通过读取一篇文档，从全文档的主题分布中抽取一个主题；接下来，从上一步被抽到的主题所对应到的词汇分布中抽出一个词汇；最后，重复以上过程直到遍历文档里的每一个词汇。根据经营范围文档集及文本结构的特点，本研究采取的主题提取及分析步骤包括：

第一步：建立自建专业词汇词典，进行分词测试。

第二步：导入自建词典，对全样本进行分词处理。

第三步：按照Gibbs采样公式，采用标准的LDA模型进行文本建模。

第四步：根据困惑度和一致性，考察不同主题数下的主题词分布及主题间区分情况，确定LDA模型最优主题数。

（三）主题及主题词的权重计算

权重计算是根据LDA提供的概率值计算每个文档中主题的权重比例得到的。计算方法参考文献，[64] 各个主题下主题词的权重为：每个主题词的概率除以所属主题下所有主题词的概率值总数。各个主题在全样本集中的权重为：统计每个主题的全部概率值除以全文档集的概率值总数。最后，按照主题权重及主题词权重分别排序主题及主题词。在此处，所有权重值保留小数点后4位。

$$W_1 比值 = \frac{主题词 w_1 概率}{\sum 主题内词概率} \times 100\% \qquad （式4.2）$$

$$主题权重 = \frac{\sum 主题下样本概率}{\sum 样本总概率} \times 100\% \qquad （式4.3）$$

六、结果分析

（一）最佳主题数确定

在对LDA主题模型进行训练时，需要设置超参数α和β，预先设置主题数K和迭代次数。本研究对全样本进行设置模型的超参数为默认值$\alpha=50/K$和$\beta=0.01$。主题数取值范围为9到69，迭代次数400。结果如表4-2和图4-2所示。

表4-2　不同主题数设定的困惑度和一致性数值

主题数	困惑度	一致性
4	-5.1118	0.6289
9	-5.1228	0.6252

续表

主题数	困惑度	一致性
14	−5.2095	0.5339
19	−5.2272	0.566
24	−5.2857	0.5432
29	−5.3511	0.5238
34	−5.3962	0.5222
39	−5.438	0.504
44	−5.4906	0.5028
49	−5.5427	0.4956
54	−5.5798	0.518
59	−5.6712	0.4872
64	−5.7034	0.5025
69	−5.76	0.5035

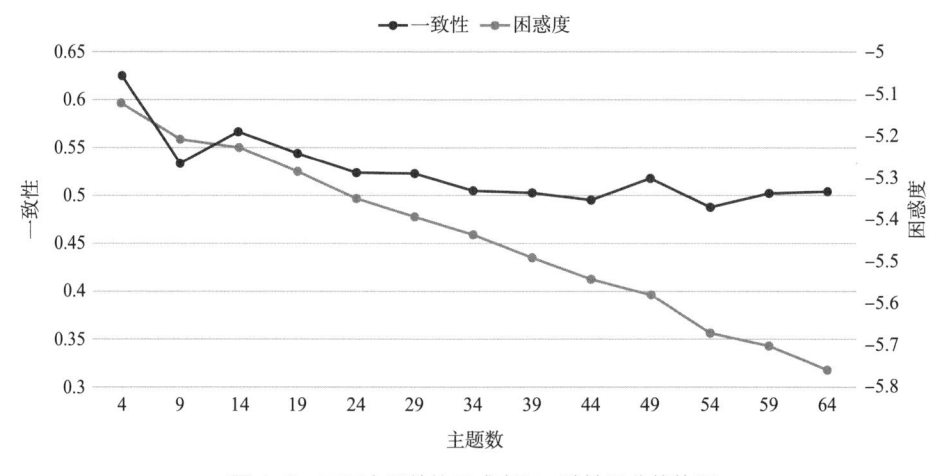

图 4-2　不同主题数的困惑度和一致性评分趋势图

LDA主题抽取效果与潜在主题数目K值有直接关系，其抽取结果对K值非常敏感。在预实验的过程中，发现直接使用LDA对经营范围文本集进行主题抽取时，按照经典的困惑度选取主题数目法所获得的主题数目偏大，且抽取的主题之间相似度较大、主题辨识度不高，这会严重影响广告类企业分析广告的有效性。因此，本研究既要对企业经营范围中的潜在主题进行有效抽取，还需要考虑较高的主题辨识度。比对困惑度和一致性结果，考察不同主题数下的主题词分布及主题间区分情况，确定LDA模型最优主题数，不断迭代直到结果最优。

采用困惑度和一致性作为确定最优主题数的评价指标，可以满足确定企业经营主题最优主题数和主题分布的目的。一般认为，LDA主题数的选取会直接影响到主题抽取的效果和最终的研究质量。针对实际操作中如何确定最佳主题数，不同的学者提出了不同的方法。目前来看，根据困惑度和一致性数值的变化趋势，结合实际的文本观察进行主题数目的筛选，能够取得较好的训练效果。当主题数越大，困惑度数值会逐渐下降，而主题数太多时，LDA模型计算代价越大，模型过拟合的风险就越大。因此很多文献中根据奥卡姆剃刀准则，[78-79]在保证模型尽量覆盖差异化的主题，选择以困惑度数值局部最小而主题数最少的值作为LDA主题数的最优值。最终由LDA模型输出所有样本的主题词权重和主题分布权重结果，并给每个样本输出一个主题评分矩阵。

表4汇报了不同主题数设定所获得的困惑度和一致性计算结果。将不同主题数下的主题特征词分布进行逐一比对，并结合图3中困惑度和一致性计算结果的趋势分析。与其他主题数相比，当经营范围文本的主题数为49时，主题之间差异性最大，主题结构最稳定，不同主题间的差异度较佳且较为全面，对经营范围的主题提取效果最好。因此在LDA的文本建模实验中，最终选择了主题个数为49个为最优主题数，作为接下来经营范围文本的分析基础。

（二）广告产业经营活动主题的权重分布

全样本集的经营范围文本经过LDA主题模型训练得到文档-主题和主题-词两个概率分布，共提取出主题49个。LDA主题模型将自动按照主题词的概率值排序输出结果，在此我们参照相关研究，选取分布概率排在前十的关键词作为该主题的主要语义构成集合（表4-3）。

表 4-3 广告产业经营范围文本的主题及前十高频词权重*

序号	Word 1	Word 2	Word 3	Word 4	Word 5	Word 6	Word 7	Word 8	Word 9	Word 10	主题权重占总样本比例
主题 1	园林绿化工程 0.00002%	低毒 0.0001%	环境卫生公共设施安装服务 0.0000%	房屋维修 0.0000%	专业保洁 0.0000%	紧急救援服务 0.0000%	园林植物 0.0000%	辐射 0.0000%	外埠 0.0000%	林木育苗 0.0000%	0.2965%
主题 2	研究 0.0233%	农业科技 0.0087%	中医药 0.0011%	节水 0.0006%	水利管理 0.0006%	农业技术 0.0005%	水土保持 0.0004%	中药 0.0004%	通风设备 0.0004%	管道泵 0.0002%	0.1308%
主题 3	办公用品 0.1756%	预包装食品 0.0422%	批发 0.0279%	开发 0.0164%	动画设计 0.0130%	硬件 0.0118%	贸易 0.0099%	进出口 0.0090%	展览 0.0068%	电脑培训 0.0021%	3.9020%
主题 4	会议服务 6.8511%	技术推广 6.6306%	广告代理 6.6100%	组织文化交流活动 6.6067%	广告发布 6.6016%	经济贸易咨询 6.6016%	广告设计 6.5943%	广告制作 6.5906%	承办展览展示活动 6.5266%	企业策划 6.5257%	25.4181%
主题 5	化工产品 0.5687%	摄影服务 0.3023%	经济信息咨询 0.2108%	企业形象策划 0.1543%	软件设计 0.0724%	计算机系统集成 0.0598%	预包装食品 0.0458%	计算机维修 0.0443%	批发 0.0303%	体育器材 0.0181%	7.0487%
主题 6	日用品 1.0413%	机械设备 1.0213%	建筑材料 0.7419%	金属材料 0.6189%	物业管理 0.5585%	投资咨询 0.4444%	房地产信息咨询 0.2767%	房地产经纪业务 0.1430%	事务所 0.0019%	会计师 0.0019%	4.8113%

第四章 经营范围文本LDA主题模型的建模及优化

续表

序号	Word 1	Word 2	Word 3	Word 4	Word 5	Word 6	Word 7	Word 8	Word 9	Word 10	主题权重占总样本比例
主题 7	装饰物品 0.0026%	物品款式设计 0.0024%	流行 0.0024%	供热 0.0019%	商务服务 0.0012%	殡葬 0.0012%	售电服务 0.0008%	配套服务 0.0005%	本店 0.0005%	消费 0.0002%	0.0940%
主题 8	预包装食品 0.0254%	图书 0.0076%	文艺演出票务代理 0.0067%	电子出版物 0.0063%	报纸 0.0060%	特殊 0.0058%	期刊 0.0057%	食品销售 0.0056%	音像制品 0.0048%	体育赛事票务代理 0.0042%	0.5512%
主题 9	商标代理服务 0.0007%	标牌设计 0.0007%	商标设计 0.0007%	标识 0.0006%	知识产权 0.0006%	公共关系 0.0005%	家电电器 0.0005%	两轮 0.0004%	广告类 0.0001%	铭牌 0.0001%	0.5003%
主题 10	批发建材 0.0001%	国际船舶运输 0.0000%	大学园区管理服务 0.0000%	工业园区管理服务 0.0000%	物流园区管理服务 0.0000%	商贸园区管理服务 0.0000%	文化产业园区管理服务 0.0000%	特色小镇园区管理服务 0.0000%	创新研发基地管理服务 0.0000%	旅游园区管理服务 0.0000%	0.0021%
主题 11	软件 0.0173%	经纪 0.0056%	著作权 0.0054%	税务服务 0.0042%	版权 0.0037%	资产评估 0.0027%	医用 0.0014%	登记代理 0.0012%	商标 0.0011%	旅游景点 0.0010%	0.3416%
主题 12	石材 0.0007%	租赁服务 0.0004%	企业管理咨询服务 0.0004%	计算机软硬件开发 0.0003%	配送 0.0003%	其零配件 0.0002%	纸浆 0.0002%	通信技术 0.0002%	存储服务 0.0002%	肉类 0.0002%	1.3568%

065

续表

序号	Word 1	Word 2	Word 3	Word 4	Word 5	Word 6	Word 7	Word 8	Word 9	Word 10	主题权重占总样本比例
主题 13	销售食品 1.4962%	技术进出口 1.3444%	代理进出口 1.3361%	珠宝首饰 1.3183%	玩具 1.0201%	电脑图文设计 0.7959%	服装鞋帽 0.5926%	未经加工干果 0.2159%	坚果 0.1920%	锻炼 0.0009%	4.0841%
主题 14	软件咨询 0.0224%	舞台美术设计 0.0009%	影视设备租赁 0.0007%	品牌设计 0.0006%	银制品 0.0002%	文化创意设计 0.0001%	建设工程造价咨询 0.0001%	人才资源 0.0001%	方案设计 0.0001%	媒体 0.0001%	0.6656%
主题 15	集邮票品 0.0164%	商务咨询 0.0141%	装饰流通人民币 0.0059%	佣金代理 0.0047%	流通 0.0032%	人民币 0.0030%	纪念币 0.0027%	会务服务 0.0027%	零部件 0.0027%	文化信息咨询 0.0027%	3.2757%
主题 16	瑜伽 0.0004%	朗诵 0.0003%	营销 0.0003%	人才 0.0002%	曲艺 0.0002%	戏剧 0.0002%	品牌推广 0.0002%	推荐 0.0001%	登记 0.0001%	化妆 0.0001%	0.2142%
主题 17	活动 0.0116%	室内 0.0097%	健身器材 0.0091%	旅游咨询 0.0056%	火车票票务代理 0.0047%	策划创意服务 0.0026%	专业化设计服务 0.0011%	游乐 0.0006%	旅游景点 0.0005%	跆拳道培训 0.0001%	1.5727%
主题 18	摄影服务 0.1641%	会议展览服务 0.1638%	打字复印 0.1391%	首饰 0.0867%	企业策划设计 0.0744%	软件咨询 0.0524%	服装服饰 0.0331%	资料 0.0121%	编辑 0.0113%	计算机辅助设备 0.0103%	3.5875%

第四章　经营范围文本LDA主题模型的建模及优化

续表

序号	Word 1	Word 2	Word 3	Word 4	Word 5	Word 6	Word 7	Word 8	Word 9	Word 10	主题权重占总样本比例
主题19	批发零售 0.0264%	机械电器设备 0.0200%	软件服务 0.0153%	计算机软硬件 0.0137%	体育 0.0121%	水果 0.0092%	散装食品 0.0084%	电子商务服务 0.0040%	调试 0.0025%	五金用品 0.00055%	1.9742%
主题20	承办展览展示 0.5371%	委托 0.3222%	金融机构 0.3195%	专业承包 0.1614%	室内装饰工程设计 0.0655%	保险代理业务 0.0543%	声乐培训 0.0466%	开发 0.0236%	火车票 0.0213%	舞蹈 0.0181%	2.0980%
主题21	针纺织品 1.7510%	技术进出口 1.3444%	珠宝首饰 1.3183%	摄影服务 0.7271%	计算机技术培训 0.7271%	销售服装 0.5472%	塑料制品 0.4773%	婚姻服务 0.3786%	文化经纪业务 0.1696%	企业管理服务 0.0797%	4.1013%
主题22	摄影扩印服务 0.0002%	足球培训 0.0001%	投资信息咨询 0.0001%	庆典策划 0.0001%	影片放映 0.0000%	农村 0.0000%	毫米 0.0000%	企业管理信息咨询 0.0000%	发广告 0.0000%	计算机网络科技 0.0000%	0.2044%
主题23	工程咨询 0.0134%	保健品 0.00002%	公共设施管理咨询 0.0001%	安全咨询服务 0.0001%	保险公估服务 0.0001%	信息安全管理评估 0.0001%	市政管理咨询 0.0001%	社会稳定风险评估 0.0001%	信息安全管理咨询 0.0001%	紧急救援服务 0.0000%	0.0555%
主题24	技术培训 0.0763%	制品 0.0053%	生产 0.0037%	矿产 0.0009%	礼仪 0.00007%	铝合金制品 0.00005%	摄制 0.00004%	糖果 0.00003%	影片 0.0002%	梦之桥 0.0002%	0.4800%

067

续表

序号	Word 1	Word 2	Word 3	Word 4	Word 5	Word 6	Word 7	Word 8	Word 9	Word 10	主题权重占总样本比例
主题 25	工程设计 0.1653%	工程造价咨询 0.0180%	工程监理服务 0.0037%	工艺礼品 0.0026%	工程项目管理服务 0.0011%	工程造价 0.3008%	工程装饰 0.0006%	黑色金属 0.0003%	工程预算 0.0002%	工程项目 0.0001%	1.0891%
主题 26	投资咨询 0.4635%	投资管理 0.4456%	委托 0.3222%	金融机构 0.3195%	资产管理 0.2929%	财务咨询 0.2687%	项目投资 0.2566%	金融业务流程外包服务 0.1021%	金融信息技术外包服务 0.0998%	金融知识流程外包服务 0.0947%	2.0895%
主题 27	技术 0.0121%	出版 0.0067%	方面 0.0042%	专业 0.0032%	信息 0.0027%	化工 0.0027%	自有 0.0019%	利用自有媒介发布广告 0.0017%	自然科学 0.0017%	珠宝饰品 0.0016%	0.8728%
主题 28	环保 0.0006%	技术领域 0.0005%	计算机技术服务 0.0004%	潜水 0.0003%	室内装饰材料 0.0003%	人参 0.0002%	航空货运 0.0002%	灵芝 0.0002%	陶艺 0.0001%	配饰 0.0001%	0.3392%
主题 29	工艺品 0.9776%	工程项目管理 0.0337%	工程项目管理服务 0.0016%	工艺 0.0015%	工程建设 0.0004%	黑色金属 0.0004%	工程预算 0.0004%	工艺品加工 0.0002%	工艺品制造 0.0002%	工程项目 0.0001%	1.2103%

续表

序号	Word 1	Word 2	Word 3	Word 4	Word 5	Word 6	Word 7	Word 8	Word 9	Word 10	主题权重占总样本比例
主题30	销售 1.2756%	机械设备 1.2054%	化工产品 0.8537%	金属材料 0.7304%	文化用品 0.7135%	厨房用具 0.3905%	卫生间用具 0.3253%	计算机软硬件辅助设备 0.1244%	室内装饰工程设计 0.0741%	热力供应 0.0138%	6.9343%
主题31	花卉 0.2900%	新鲜水果 0.2803%	卫生间用具 0.1851%	塑料制品 0.1695%	租赁建筑工程机械设备 0.1152%	道路货物运输 0.1081%	货物 0.0670%	普通 0.0656%	厨房 0.0627%	维修计算机 0.0559%	1.2139%
主题32	医药信息咨询 0.0004%	维修医疗器械 0.0002%	牛肉 0.0001%	羊肉 0.0001%	毒性 0.0000%	注射器 0.0000%	一次性 0.0000%	外科 0.0000%	儿科 0.0000%	老年病 0.0000%	0.0614%
主题33	建材材料 0.0005%	汽车零部件 0.0003%	稻装 0.0002%	地理遥感信息服务 0.0002%	织造布 0.0002%	熔喷法 0.0002%	演员经纪 0.0002%	保温材料 0.0002%	电子产品技术开发 0.0002%	低毒低残留农药 0.0001%	0.1955%
主题34	用具 0.0019%	影视设备 0.0014%	卫生 0.0013%	维护 0.0011%	印刷品印刷 0.0007%	生活 0.0006%	布置 0.0006%	美术品 0.0006%	方式 0.0006%	出租写字间 0.0006%	0.4986%

第四章 经营范围文本LDA主题模型的建模及优化

续表

序号	Word 1	Word 2	Word 3	Word 4	Word 5	Word 6	Word 7	Word 8	Word 9	Word 10	主题权重占总样本比例
主题 35	工艺美术设计 1.3064%	工艺美术创作 0.0755%	旅游咨询 0.0273%	市场调研 0.0122%	市场 0.0074%	工艺礼品 0.0056%	市内包车客运 0.0009%	工艺品销售 0.0003%	工艺过程评价 0.0003%	工艺技术 0.0001%	2.1093%
主题 36	企业管理 0.5666%	房地产经纪业务 0.0971%	婚庆服务 0.0680%	出版物 0.0238%	商务咨询 0.0152%	展厅布置设计 0.0136%	艺术品 0.0086%	维修办公设备 0.0046%	网上贸易代理 0.0018%	网上商务咨询 0.0015%	1.8026%
主题 37	食品农产品 0.0001%	生态园区管理服务 0.0000%	循环经济产业园区管理服务 0.0000%	商贸园区管理服务 0.0000%	创新研发基地管理服务 0.0000%	旅游园区管理服务 0.0000%	特色小镇园区管理服务 0.0000%	文化产业园区管理服务 0.0000%	物流园区管理服务 0.0000%	工业园区管理服务 0.0000%	0.0027%
主题 38	文化用品 0.4044%	摄影服务 0.2573%	出版物零售 0.1987%	经营电信业务 0.0941%	出版物批发 0.0392%	装饰装潢设计 0.0032%	经纪业务 0.0030%	展示设计 0.0007%	展览策划 0.0005%	美容美发用品 0.0004%	1.9155%
主题 39	旅游信息咨询 0.2768%	汽车租赁 0.1621%	航空机票票务代理 0.0726%	入境旅游业务 0.0602%	旅游业务 0.0386%	境内 0.0385%	国内旅游业务 0.0375%	出境旅游业务 0.0227%	集中 0.0162%	养老服务 0.0156%	0.8255%
主题 40	摄影服务 0.1641%	法律咨询 0.0440%	营销策划 0.0397%	劳务派遣 0.0244%	图文设计 0.0203%	公关策划 0.0194%	设备租赁 0.0138%	扩印服务 0.0070%	设备维修 0.0036%	供热 0.0022%	1.9112%

续表

序号	Word 1	Word 2	Word 3	Word 4	Word 5	Word 6	Word 7	Word 8	Word 9	Word 10	主题权重占总样本比例
主题41	业务 0.0191%	信息服务业务 0.0101%	增值电信业务 0.0079%	因特网 0.0035%	设备安装 0.0026%	科技产品 0.0023%	经济信息咨询服务 0.0022%	网络技术开发 0.0021%	互联网 0.0021%	进行 0.0015%	1.3018%
主题42	建筑 0.0033%	建筑装饰装修工程 0.0003%	勘察设计 0.0002%	贰级 0.0002%	集成电路设计 0.0002%	清洁卫生 0.0002%	办公室 0.0002%	布置设计 0.0001%	电动 0.0001%	防水 0.0001%	1.3111%
主题43	定型包装食品 0.0011%	冷热饮 0.0009%	饮料 0.0009%	茶叶 0.0007%	保险 0.0005%	婚庆礼仪服务 0.0005%	卷烟 0.0005%	娱乐咨询 0.0004%	文化经纪 0.0004%	五金交电化工 0.0004%	0.3529%
主题44	工艺品 0.9776%	工程项目管理 0.0337%	工程造价咨询 0.0272%	工美 0.0034%	工程项目管理服务 0.0016%	工艺 0.0015%	工艺礼品设计 0.0008%	黑色金属 0.0004%	工程预算 0.0004%	工程项目 0.0001%	1.3690%
主题45	计算机 0.8064%	五金交电 0.7390%	销售日用品 0.4831%	承办展览展示 0.4308%	箱包 0.3087%	票务代理 0.2447%	营销策划 0.0779%	业务 0.0453%	体育经纪 0.0232%	经营项目 0.0009%	4.6663%
主题46	游览 0.0006%	景点管理 0.0006%	陆路国际货物运输代理 0.0002%	城市公园 0.0001%	城乡规划 0.0001%	再生 0.0001%	代理报关 0.0001%	飞行 0.0001%	抢险救灾 0.0000%	直升机 0.0000%	0.0318%

续表

序号	Word 1	Word 2	Word 3	Word 4	Word 5	Word 6	Word 7	Word 8	Word 9	Word 10	主题权重占总样本比例
主题47	策划筹备组织 0.0047%	艺术节 0.0045%	文化节 0.0040%	晚会 0.0017%	艺术大赛 0.0016%	电影节 0.0015%	个人形象包装设计 0.0014%	音响 0.0012%	大型庆典 0.0012%	运动会 0.0010%	0.3353%
主题48	预包装食品 0.0193%	卷烟零售 0.0063%	冷藏冷冻食品 0.0061%	雪茄烟零售 0.0061%	散装食品 0.0041%	热力供应 0.0039%	食品制售 0.0033%	热食 0.0032%	设备维修 0.0028%	害虫防治服务 0.0023%	0.3113%
主题49	城市园林绿化 0.0182%	建筑物清洁服务 0.0134%	室内 0.0077%	装饰装潢设计 0.0010%	草皮 0.0003%	交通设施 0.0001%	垂钓 0.0001%	交通器材 0.0001%	树苗 0.0001%	环境设计 0.0001%	0.4827%

注：* 所有权重值保留小数点后4位，部分权重值显示为0.0000%是因为数值过小无法显示。

主题是语义结构的组合形式，要以主题内语义关系来理解业务主题。LDA主题模型生成的49个主题，是在语义空间上形成的中国广告产业中可能存在的商业活动的概念单元集合。相比概率值，主题权重分布能够反映出各个主题词对主题语义构成的贡献大小。同时，权重也能够反映各个主题聚集起来的概念单元集合，在全部样本的语义关系中所占的比例。按照公式3.1和3.2计算出主题及主题词权重值，作为描述该话题语义关系的最佳结果（表5）。

（三）广告产业的LDA主题语义分析

每个主题所展现的主题词集合，指向了在经营范围内潜在的词汇分布。当这些主题词共同出现在一个主题内，说明这些主题词间存在共现关系。49个主题意味着在所有企业的经营范围中，存在49个由某些主题词共同组成的概念单元集合。

作为经营范围文本，每一个主题词都代表着一项企业经营活动。从语义层面上理解，表4中每个主题内的主题词组合在一起，并非按照人们主观定义的行业分类，而是包含了多个行业。我国的经营范围填报都是基于《国民经济行业分类（2017版）》的行业分类体系，因此，可遵循该分类体系解读各个主题下具体的主题词组合。例如主题1，包含的"园林绿化工程"属于土木工程建筑业，"房屋维修"属于房地产业，"环境卫生公共设施安装服务"属于制造业，"专业保洁"属于其他服务业，"紧急救援服务"属于专业技术服务业，这些是划分起来较为清晰的；"园林植物"可能会涉及植物的种植、批发零售、研发培育、养护服务等多个业务环节，具体作出分类就会比较困难。还有如"外埠""辐射"这种结构太短、没有明确活动主题的词语，很难界定其可能的意涵与对应的行业。

LDA主题模型的提取结果在此出现了一个如何解释的问题。在前人的研究中，绝大部分研究对于主题词的解读都是基于研究员的经验，参考相关文献资料对主题展开讨论及命名。从本研究的实验结果来看，如果直接按照主题词的表面意思解读，很容易造成结果的主观性，无法获得满意的研究结论。因此，本文认为解释LDA的主题提取结果，必须遵循一个严谨规范的结果解读程序，将LDA主题模型的主题定义任务从纯粹的描述性研究，过渡到根据文本分析和行业分类规则进行可靠而有效的推论。

七、小结

在本章，我们采用自建LDA主题建模提取文本主题的方法，实现了对广告类企业间语义网络关系的初步分析。分析中发现，北上广深四个城市的含"广告"类业务的市场主体中存在着较为清晰的语义结构。在这些文本中，基于单词共现关系生成了49个潜在主题，这些主题是在语义空间上形成的中国广告产业中可能存在的商业活动的概念单元集合。通过权重比例的排序，LDA主题权重分布能够反映出各个主题词对主题语义构成的贡献大小。同时，权重也能够反映各个主题聚集起来的概念单元集合，在全部样本的语义关系中所占的比例。从最终的提取结果来看，LDA主题建模进行主题提取的方式对经营范围的主题提取效果最好。设主题数为49，能够呈现在语义层面的多个潜在主题，且提取的主题结构稳定，不同主题间的差异度较佳且较为全面，为下一步挖掘市场主体之间的潜在关系奠定了基础。

然而，在对各个主题的语义解释时面临着主观性解读的问题，另外，前面的中文文本预处理步骤能否正确拆分出符合要求的词组，在目前的研究中并未给出一个较为科学的评价方式。可见，尽管LDA算法已经较为成熟，但是在算法运行过程中，对每一步数据运行结果的分析和判断仍然离不开人。第五章中，我们将继续探讨这一问题，从社会科学的角度探索解决这一方法面临的规范性和科学性风险。

第五章

LDA主题模型的主题定义方法改进

在上一章中,我们采用LDA主题模型建模的方式,探索挖掘大规模企业经营范围文本的方法路径。LDA算法利用了单词的共现关系,把难以处理的文本转换为方便计算的数字向量,以矩阵的形式描述出每个文档所包含的不同主题的概率分布,体现出在语义层面上企业经营活动的潜在主题,取得了较好的初步分析结果。

然而,各个主题的语义解释面临着主观性解读的问题。另外,前面的中文文本预处理步骤能否正确拆分出符合要求的词组,在目前的研究中并未给出一个较为科学的评价方式。本章将采用融合互补的方式处理这一问题,借助社会研究方法中的内容分析法完善算法结果的测评程序,弥补计算机辅助内容分析的缺陷。

一、计算机辅助内容分析在社会研究中的应用挑战

在社会科学领域,随着海量数据的出现,运用计算机辅助内容分析方法来处理不同类型、不同数据结构和不同研究要求的大规模数据集越发受到研

究者们的重视。LDA算法本质上就是代替人工方法来阅读文本，以既定规则检测出文本之间的差异并对文本进行归类划分，在新闻传播领域将这类算法称为计算机辅助内容分析。

（一）内容分析法概述

根据研究目的，内容分析法可分为描述性的和推论性的。描述性内容分析主要通过对文本的类型进行分析和解释，研究文本所表达的主题是什么。推论性内容分析是通过假定一个与文本背景特征相关联的文本特定特征，从中分析关于作者、读者、社会情境的真实认识。根据研究路径的不同，又可分为质性的和量化的内容分析。量化的内容分析能够准确揭示出研究对象的特征，检验研究结论的普适程度，而质性的内容分析则更能把握一个特殊的文本和社会情境之间的关系。过去，内容分析一般被视作是量化研究方法。其实，质性的内容分析方法可以为量化内容分析提供很好的基础，也可以作为独立的研究方法使用。对于量化研究和质性研究的差异，学者可根据研究问题的分析需求不同进行权衡和评估，甚至选择两种路径相结合的方式增强研究结果的有效性。

为保证程序上的客观，在展开内容分析前必须建立一套清晰而全面的程序与标准作为解释样本和分类的方法。量化或质性内容研究，其基本要素和步骤差别不大。较为常见的内容分析步骤主要有以下六步：

1. 提出研究问题

在实施内容分析前，首先需要提出可验证的研究问题或研究假设，并符合学术研究的目的。

2. 样本选择

内容分析的文本或文献材料要符合研究目的，材料是否合适取决于研究主题。在研究问题或研究假设的指导下，研究者首先要界定研究总体和抽样单位。设计好抽样方案后，再在总体中按照既定方案选取样本。抽样方案必须确保每个样本单位在样本搜集过程中有同样的机会被抽取到。

3. 确定分析单位

分析单位即内容分析所要描述或解释的个体单位。界定分析单位是否正确关系到编码的成功与否，因此尤其需要注意。

4. 类目建构与编码方案制定

类目建构是将待分析文本的相关变量进行概念化及编码设计的过程。这一步是决定内容分析成功与否的关键。通过该操作，能够赋予样本一个清晰的归类框架。

5. 编码/记录与编码员信度测试

编码/记录为待观测的样本与对样本的观测之间搭建一个桥梁，编码员之间的信度测试是内容分析的一个关键组成部分。通过培训，编码员可以实现对变量和类目体系建构的建构和对文本内容的把握。

6. 资料分析

文本经过编码/记录后，要运用具体的分析方式来处理编码所获得的数据。量化的内容分析主要采用统计分析，常用的方法是频数计算、相关分析、回归分析、多元回归分等。质性内容分析主要采用主观分析法，即根据研究者的理论概念展开对文本内容的归纳、概括、说明等分析。通过具体分析，从而识别文本内潜在模式和数据之间的关系，并对数据隐含的意义进行揭示和推断。

到了大数据时代，社会的发展对内容分析法提出了新的挑战。现代数学和计算机技术不断融入社会研究方法中，使得混合研究成为一种趋势，[83]借助计算机算法辅助人类进行内容分析逐渐形成一种新的趋势。

（二）计算机辅助内容分析方法概述

计算机辅助内容分析方法（Computer-assisted Content Analysis，CCA）是社会科学领域的一个新兴的研究方向。由于传统的内容分析法倚重于人工对内容的识别和分类，极为耗时耗力，因此从20世纪中叶，心理学和社会学等各领域研究者开始探索将计算机技术运用于内容分析研究，以求提高研究的准确性和效率。1958年，Thomas Sebeok和Valdis Zeps开创了以计算机辅助方式进行内容分析的研究。知名的内容分析软件CATPAC的出现则标志着内容分析渐渐成为一种成熟的研究方法，使内容分析的研究效力获得很好的提升。在社会科学领域，海量信息数据意味着更广泛的研究空间。计算机辅助内容分析对大数据有很好的处理能力，这一优势使得这类方法越发受到研究者们的重视。

大数据是指过大的数据集，由于超过人类的处理极限，仅凭人力无法对整个数据集的代表性样本进行编码处理，对传统的研究方法提出了挑战。[84]过去，研究员往往面对的是几百份或几千份文本材料的整理任务，依赖人力展开分析，就可以获得足够严谨且可验证的结论。而今，网络上能够获取到的数据规模已经达到了数百万甚至数十亿的单位级别，远远超出了人工的处理限度。为了处理这些越加复杂的数据，计算机科学领域的学者们不断开发各种算法，用来处理不同类型、不同数据结构和不同研究要求的大规模数据集。新算法给社会科学领域的大数据研究带来了极大的便利。Lewis等很早就认识到计算机辅助内容分析的便捷性和稳定性优势，认为这类方法将改变传统数据采集和内容分析方法带来的反馈不及时、实地调研受限于客观条件不易开展等问题。[84]这类方法还可以避免个人经验的局限，很好地克服传统内容分析法在抽样和编码上的限制，在人工模式之外提供大量辅助性的分析参考。

不过，计算机辅助内容分析法并非完美。从计算机辅助内容分析法提出开始，研究者们一直在不断地迭代算法。直到目前为止，研究者在面对较为复杂的文本或研究主题时，仍然需要对原始文本进行大量的前期人工处理，以赋予文本一个基本结构，还要求编码员具有较高的教育程度，能迅速理解复杂的文本。除此之外，绝大部分社会科学研究的问题都涉及人类直接或间接的参与，单单改善大数据的处理技术、以量化指标作为检测依据并不能让问题变得简单，尤其是无法满足社会研究的科学性要求。计算机程序的"黑箱"特性、数据公开可能带来的伦理法律问题等影响因素始终存在，使得相关研究对文本结构的测量是有限的。学者们使用算法，却无法说明算法是如何工作的，在社会研究中逐渐成为一个不言自明的共识。正因如此，使用计算机辅助分析的方法步骤才更需要严谨小心，以确保程序的可靠性和有效性。

（三）计算机辅助分析方法运用的规范性和科学性问题

LDA主题模型作为一种较为成熟的算法，与其他运用在社科研究中的计算机辅助内容分析方法一样，算法运行过程中对每一步数据运行结果的分析和判断离不开人的参与。例如，从文本提取出来的主题如何定义和解释，中文文本预处理能否正确拆分出符合要求的词组，算法提取的主题和人工提取出的主题有什么区别等问题，非常依赖人类对文本材料中细微差别和复杂信息的辨识能力。在这个过程中，研究者的立场可能对研究结果产生直接影响。如果不加以控制，调查结论和客观事实或本原事实之间定然会存在较大的差距，带来研究谬误。这就造成计算机算法在社会科学研究中的运用，会面临规范性和科学性方面的质疑。

社会科学研究面对的是复杂的社会现象。面对市场经济活动，算法的研究对象仍然是社会现象。由于算法仍然依赖研究者的参与，研究者已有的知识结构或"参考框架"会对研究过程产生影响，研究者自身的因素或多或少会影响研究结果的客观性。从社会科学研究的角度来看，这个问题可以通过有机融入社会研究方法，尽可能使研究者保持价值中立或"价值无涉"立场的方式得到解决。在哲学和社会科学理论的指导下，社会研究方法的基本特征是科学性、客观性和工具性，因此相关研究中需要建立起系统的观察和正确的逻辑性。具体来说，需要有确定的研究程序，使其他研究者可以依据确定的研究程序重复研究，以验证原有结论的真伪。[86]

社会研究方法作为求知或获得科学知识的有效工具或手段，方法的科学性是评价一项研究成果的重要依据。调查研究、实地研究、文献研究和实验研究是社会研究方法的基本方式，包括了严格的步骤和程序、较精密的测量技术、详细的观察或访谈方法等要求。此外，样本选择、统计分析和理论分析等操作步骤还需要设定规范化的操作条件。

（四）社会现象的异质性挑战了计算机辅助内容分析的应用

社会研究是人类获取科学知识和了解人类社会的重要途径。社会现象与自然现象相比具有很大的特殊性。社会现象包含了人的主观因素，难以直接观察和测量；社会现象异质性高，对社会的研究难以获得具有普适性的结论；社会现象不稳定，容易受到各种外在因素的影响，很难做出精确的预测。更重要的是，现代社会不像传统社会那样具有较高的同质性，社会现象受到来自政治、经济、文化和道德等方面因素（偶然因素）的影响，表现出复杂性和不稳定性。因此，社会研究方法论是不同于自然科学的一套方法体系。它的底层逻辑决定了应用于社会研究领域的计算机辅助内容分析法，必须是以哲学社会科学思想为中心，以社会科学的方法论为准则的。

任何内容分析研究都必须遵循三个基本原则，即效度、信度和成本，计算机辅助内容分析也不例外。[87]计算机科学领域常采用某些技术指标来评定算法的有效性，却不符合社会科学方法论的要求。按照社会科学方法论，测量效度是判断计算机生成结果多大程度上能代表文本实际意义的主要手段。[88]研究员在对算法程序进行评估时，应以人类的相同编码为参照，对算法和字典进行反复修改和调整。直到分析能够产生令人满意的结构效度水平时，迭代过程才可结束。在计算机辅助分析的过程中，人类所做的任何决策都必须像手工内容分析一样经过编码员信度测试。计算机算法执行的部分因为是自动化完成的，在非算法自身运算问题的状况下不需要汇报信度。

纵览国内外相关研究，计算机辅助分析研究很少会在文献中明确阐述信度和效度检测的具体过程。关于中文文本的计算机辅助分析研究很多，绝大多数是在计算机算法革新命题下展开，信效度检测往往一笔带过，甚至缺少必要的信效度检验，或只依赖技术指标进行评判。这就使得在社科研究中运用这类方法的成熟且堪称经典的研究案例不多见，采用混合方法的研究更是罕有。国内主流的研究路径仍是传统的定量或质性内容分析法，结合了计算机算法的社会学大规模数据研究尚处在引入国外研究实例和方法探索阶段。考虑到大数据文本的日益普及，吸取社会科学的研究经验对任何新算法来说都至关重要。

二、解决思路

我们认为，采用互补集合的方式吸取内容分析法的研究路径，能更好地对经营范围文本的内在结构进行准确分析，弥补计算机辅助内容分析的缺陷。编码员的参与和规范化程序的加入，保证了研究结论的有效性，一定程度上解决了计算机辅助内容分析研究方法在使用中规范性不足的问题。相比单一的算法处理，这种方法能避免人类研究员的主观涉入，更为准确地揭示文本的隐性知识，引导材料分析的进一步深入。

社会研究方法中的内容分析法是分析文本数据的常用方法之一，承袭了由人文传统和人类学研究发展而来的社会研究基本要义，并发展出多种分析路径和具体方法。内容分析法作为文献研究的一种重要研究工具，是一种对"现存的各种类型的文献进行再分析的一种研究方法，用以揭示文献的内在结构、传播过程及其与社会情境之间的关系，以及对'文本'进行再诠释"。[89]内容分析法特别适于对研究对象特征进行挖掘，尤其是对文本内容与宏观社会结构之间关系的考察。

内容分析作为分析文本的手段，对研究过程的系统性、客观性和量化性有着较高的要求。系统性要求研究过程中有且仅有一套所有编码者遵守的编码指南；样本选择必须按照既定程序，样本的所有相关内容都能够在此套规则下被分析；研究设计要精密详尽，保证分析和结论与数据搜集的分析单位层次相互一致，能够回应所提出的研究问题或假设；在编码和分析过程中，在文本分析的每个部分，研究者对规则的运用需要始终保持一致性。在此基础上，客观性要求研究者保持一贯的中立立场，对数据的判断需要根据一系列明确的规则，仅再现所分析的文件内容本身，不可掺杂个人的事前预设或主观偏向；研究过程的每个步骤能按照明确的操作性定义和规则重复获得相近或相同的结果，并获得可靠的信度系数。

量化性是保证研究信度可靠的基础。内容分析法是通过数字来精确地再现信息主体，因此不但可以准确而简洁地总结发现，还能提供高质量的解释和推断结果。最重要的是，其他研究者可以运用同样的规则来考察同样的材料，检验研究结论的可靠性。随之而来的问题是，内容分析法在发展过程中呈现出对易于获取的显性内容（物理呈现的和可计量的成分）的过分偏重，这类直接获取"外延意义"的内容分析研究被秉承阐释学传统的学者批判为"琐碎、肤浅及缺乏深度意义的"。[89]越来越多的学者认为应该基于上下文语境来分析文本的潜在或内涵意义，这些无法直接测量的隐性内容能够使内容分析结果变得更加丰满有趣，更接近事实和趋势本质，帮助我们做出更好的推断和预测。

针对内容分析法的弱点，计算机辅助分析法为社会研究提供了更多的可能性。借助计算机处理大规模的文本数据，研究人员能够更快地从海量文本中寻找准确的线索和信息，有效提高内容分析的效率和准确度。同时，计算机辅助分析法能够对无法直接测量的隐性内容进行全面分析，使得研究人员可以更全面、深入地了解文本中隐含的重要信息。基于计算机辅助分析法的特征，其可以缩短研究周期，提高研究效率。同时，计算机辅助分析法也可以扩展内容分析法的应用范围，特别是在处理大量数据时，内容分析法的局限性会更加明显。因此，借助社会研究方法中的内容分析法完善算法结果的测评程序，既可弥补计算机辅助内容分析的缺陷，又能拓展社会研究的范围和深度。

接下来，我们将根据内容分析法的理论基础及基本步骤，在原有LDA算法基础上，通过结合社会研究方法完善测试程序，探讨如何为基于计算机算法的社会理论研究和应用研究提供更为完善的研究工具。

三、研究设计

按照社会科学研究方法论要求，本文采纳内容分析法的工作步骤及分析路径，作为校验LDA主题结果、词典信效度及主题定义有效性的方法。

上一章节中，研究者手动开发的词典对文本分类任务的效率影响最为关键，而词典的分类标注能力强弱直接决定了算法的有效性，因此需开发相应的操作化步骤以评估该词典能否充分反映整个样本集。其次，LDA算法建模完成后，要以人类研究员的观察经验为准绳进行效果的评判，整个过程需要人类编码员的介入。因此需要执行编码员信效度测试，并采用人机比较的方式评判LDA对样本的主题提取结果。最后，由新的编码员来完成LDA主题的定义及解释工作。

所有的编码员在实际操作前，需要阅读一份关于整个操作过程规范性的简介，说明可能会遇到的分类问题，例如某一类容易被误解的词语应该如何进行归类操作，保证他们在实操过程不需要研究者的介入而顺利地完成任务。同时，示例所用的经营范围文本将不会出现在测试过程中。编码员的信度测试采用 ReCal OIR 软件评估，计算 Krippendorff's alpha 值的结果作为一致性评价指标。本研究的所有编码值均为名义变量（Nominal Data）。

接下来，我们将参考 Lei Guo 等的研究方法建立一套比较完整、可操作的测量程序，[88]在算法生成数据基础上进行三个独立的测试，分别是自建专业词汇词典的内容分析及信效度测试，基于综合方法的 LDA 主题定义方法改进，以及经营范围文本 LDA 主题模型的人机测试比较。研究流程如图 5-1 所示（虚线方框）。

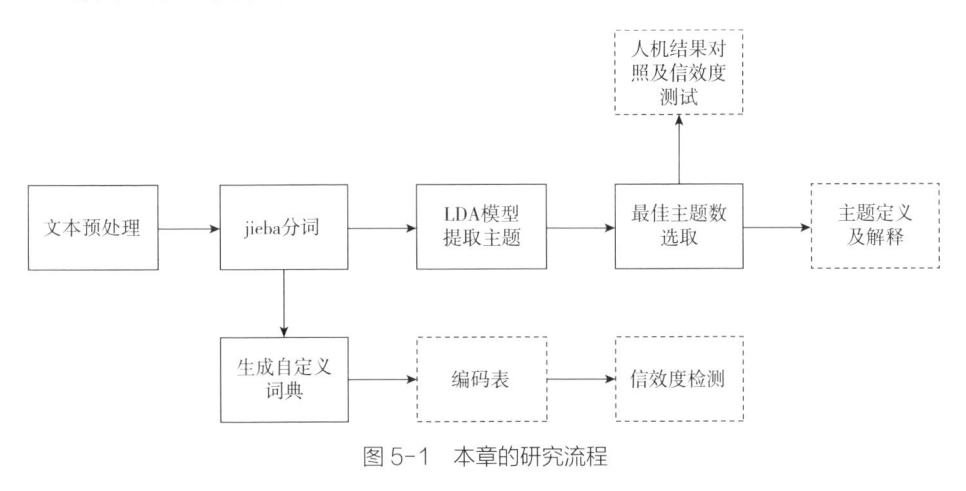

图 5-1 本章的研究流程

（一）数据来源

本章所用数据采集自国家企业信用信息公示系统数据库内登记的企业经营范围中含有"广告"两字的企业信息，数据抽样采用整群抽样法，抽样区域为上海、北京、深圳、广州四地。总样本集数据均采用 LDA 主题提取算法相应的预处理和中文分词方法，自建词典为 LDA 主题提取任务中使用的自建专业词汇词典。

（二）自建词典信效度检测

本文所用的LDA算法是无监督学习方法，因此数据在投入之前需要先开发一个预先确定的词典，来指示算法如何处理中文文本的分割。整个LDA算法的中文处理便是以这个自建词典为基础，由词典决定什么词能够进入LDA的分析过程。这个词典必须由人工完成，是中文文本挖掘所必要的预处理工作，也是直接决定LDA主题模型建模质量好坏的重要因素之一。在上一章中我们已基于总样本整理出一个对应的自建专业词汇词典。经LDA主题建模实验验证，该词典对本研究中的经营范围文本具有良好的分词效力和稳定性。计算机算法具有非常稳定的运算能力，本研究中使用的算法都能够保证分词词典使用结果的唯一性。在不改变自建词典的内部结构前提下，算法保证了经营范围文本的主题提取过程具体很高的内部效度。要了解自建词典的外部效度，需要通过后续的LDA主题提取结果的人机对照进行评估，另外就是评估自建词典是否能够充分反映总体的经营范围文本集，使最终进入LDA主题提取过程的词汇集合符合人类对经营范围文本的语义理解。

LDA对经营范围的主题提取规则是一套数学模型，运算过程繁复，用传统内容分析的思路难以对文本分析过程进行论证说明。不过，在LDA模型的操作设计中需要运用自建词典分词，这一步骤决定了模型最终呈现出的主题词结果。基于LDA算法的这一原理，可以采用分析自建词典词条的方式，由编码员评判词典词条能否按照编码系统进行清晰的行业归类，以此检验自建词典的外部效度。

另外，按照社会科学方法论，文本材料的内容分析必须依据明晰而统一的规则进行内容和类目的建构，研究过程中有且仅有一套所有编码者遵守的编码指南。我国对企业申报经营范围有明确规定，[90]因此本文所采用的编码系统是严格遵照《国民经济行业分类（2017版）》的行业分类系统设计的（表5-1）。根据本研究的研究问题和研究内容，可以通过检验本研究采用的行业分类系统制定的行业编码类目，能否遵循穷尽、互斥、独立的三大原则，清晰地对自建词典中的词条进行行业归类划分。

续表

代码	名称	代码	名称
E48	土木工程建筑业	J66	货币金融服务
E49	建筑安装业	J67	资本市场服务
E50	建筑装饰、装修和其他建筑业	J68	保险业
F	批发和零售业	J69	其他金融业
F51	批发业	K	房地产业
F52	零售业	K70	房地产业
G	交通运输、仓储和邮政业	L	租赁和商务服务业
G53	铁路运输业	L71	租赁业
G54	道路运输业	L72	商务服务业
G55	水上运输业	M	科学研究和技术服务业
G56	航空运输业	M73	研究和试验发展
G57	管道运输业	M74	专业技术服务业
G58	多式联运和运输代理业	M75	科技推广和应用服务业
G59	装卸搬运和仓储业	N	水利、环境和公共设施管理业
G60	邮政业	N76	水利管理业
H	住宿和餐饮业	N77	生态保护和环境治理业
H61	住宿业	N78	公共设施管理业
H62	餐饮业	N79	土地管理业
I	信息传输、软件和信息技术服务业	O	居民服务、修理和其他服务业
I63	电信、广播电视和卫星传输服务	O80	居民服务业
I64	互联网和相关服务	O81	机动车、电子产品和日用产品修理业
I65	软件和信息技术服务业	O82	其他服务业
J	金融业	P	教育

续表

代码	名称	代码	名称
P83	教育	R90	娱乐业
Q	卫生和社会工作	S	公共管理、社会保障和社会组织
Q84	卫生	S91	中国共产党机关
Q85	社会工作	S92	国家机构
R	文化、体育和娱乐业	S93	人民政协、民主党派
R86	新闻和出版业	S94	社会保障
R87	广播、电视、电影和录音制作业	S95	群众团体、社会团体和其他成员组织
R88	文化艺术业	S96	基层群众自治组织及其他组织
R89	体育	T97	国际组织

（三）基于综合方法的LDA主题定义

上一章中，我们使用LDA算法对总样本数据集进行建模，根据最优主题数训练生成了一组包含N个主题的列表，以及与每个主题相关的所有单词。根据LDA提供的概率值，对各个主题下主题词进行权重计算，并统计各个主题在全样本集中的权重比例。

主题是语义结构的组合形式，要以主题内语义关系来理解业务主题。从语义层面形成的企业活动组合常常会涉及多个行业的经营活动，当编码员对其进行解读时，直接进行行业分类会导致大量的分类重合情况，因此我们选择由编码员来阅读和讨论这些相关行业信息，根据现实生活场景来对照理解这些主题词的集合，最终给予一个可接受的解释及主题定义。我们采用了二次定义法来确定这些主题的真正含义。在第一次定义操作中采用内容分析法，执行下列操作：

第一步：为限制编码员的主观性，两名新编码员在培训后进行几轮的信度测试，直到编码员信度达到90%以上。

第二步：两名编码员分别阅读各个主题下所有权重排名前十的单词，并按照表5的行业编码类目对所有主题词进行行业归类；

第三步：对每一个主题，综合阅读每一主题词的行业分类情况，并结合行业特征分析主题词所指向的企业经营活动，给出一个代表该主题意义的合理解释；

第四步：比较两名编码员的解释结果，就存在不同意见的结果进行反复讨论，直至达成共识；

第五步：在达成共识基础上，编码员为每一个主题建议一个他们认为代表该主题的定义，并对定义进行最终解释。

整个定义过程经过三次复查，以保证结果的准确性。

主题定义反映的是企业间存在的潜在经营活动模式，离不开企业的社会实践。为保证主题定义的有效性，我们通过调研的方式收集企业经营资料，在第一次的基础上进行了第二次定义。具体的调研过程见第六章。在调研过程中，分别收集到各个主题下对应企业的实际经营活动，由编码员阅读后对相关定义进行了修正。

（四）LDA主题提取结果的信效度检测及人机比较

为测算LDA主题提取算法的外部效度，本文采用手工内容分析与计算机结果比较的方式进行效果评判。Zamith等提供了针对算法进行信效度检测的基本程序，[85]Guo等对此进行了改进。[88]本研究的LDA主题提取结果信效度检测及人机比较参考了这一套程序。这一步的重点是通过抽取的代表性样本，对计算机辅助内容分析方法与人类之间可能存在的差异提供参照和见解。

具体操作步骤如下：

第一步，从总样本中抽取两组代表性样本，具体的抽样方案为：每组150份案例中，三分之一的案例从整个数据集随机选择，三分之二为随机选择的主题数×2的文档（保证每一个生成主题下有2个被LDA标记为匹配的文档）。这种抽样方式能保证覆盖到算法提取出的每个主题，同时确保LDA生成主题所匹配的案例在每两份案例中均占主导地位。

第二步：将样本集分别放入已经用全样本数据库训练过的LDA模型，根据上一章的研究结果设定最佳主题数为49，由LDA模型进行处理。

第三步：为限制编码员的主观性，两名新编码员在培训后进行几轮的信度测试，直到编码员信度达到90%以上，进行下一步。

第四步：对每一组样本案例，两名编码员分别对样本进行手工的内容分析。把每个案例的经营范围文本按照自然语段先分别进行拆分，逐一对应、归类到编码系统中他们认为最匹配的行业中。

第五步：编码员根据上一步的归类结果，判断各个案例涉及的行业主题并给出解释。

第六步：比较分析结果。由编码员对结果的异同进行讨论，并就存在争议的内容再次阅读文本，反复多次直到达成共识。

第七步：将人工测试结果与第二步的LDA处理结果进行比较。由两名编码员对两种方法的分析结果进行逐一比较打分。操作时，对于每一条样本，向编码员展示以主题定义的方式呈现的LDA提取主题结果。编码员参考人工行业分类结果，决定主题在文本中是否提及；一条样本的第n个主题，如LDA主题与人工行业分类的标注相一致，就填"是"，如果没有提到就填"否"。

第八步：统计编码员的打分结果，作为评议LDA主题发现模型的效度。单个样本得分的计算方法是样本所含的主题填答"是"的个数，除以该样本匹配的主题总数；总样本的计算方法是加总所有样本的得分除以总样本的个数再乘以百分比。例如，一个样本中包含15个主题，其中编码员认为有4个主题在人工分类结果中没有提到，该样本的得分为0.73。

整个比较过程经过三次复查，以保证结果的准确性。需要注意的是，在第七、八步的打分过程中，我们将LDA处理结果中的背景主题去掉，因为编码员无法对无实际意义的背景主题进行打分评估。

四、结果分析

（一）词典信效度检测结果分析

使用ReCal OIR软件测算Krippendorff's alpha值，在词典信效度测试中，编码员间的一致性均大于编码员信度的合理上限（90%）。通过讨论，编码员认为，在算法效度保证的条件下本自建词典的词条绝大部分可以满足行业分类的要求，符合人类对经营范围文本语义关系的理解。所使用的编码系统在完成分析经营范围文本任务时，可以辅助编码员有效地实现行业分类的目标。

作为一项针对计算机算法进行的研究，我们希望词典和LDA模型的结合能够获得可靠的研究结果，并且确保在研究的特定情境之外，仍然具有可靠性。在反复测试过程中，编码员始终对某些词汇的行业分类无法达成一致。分析编码员一致性的影响因素后发现，抽取案例的文本中包含着少量新兴行业的专业词汇，在该编码框架体系中无法进行具体对应。如果采用传统的内容分析方法，编码/记录工作一旦正式开始，编码框架和编码规则的修改通常是不可行的。采用计算机辅助内容分析法，这种可能涉及重新编码或者重新分析的过程，就可以通过灵活的补充修改、高效便捷的算法运行效果弥补研究的缺憾。这也意味着，未来的相关研究不仅需要考察主流的行业分类，还需要将新兴行业纳入词典编制的范围内。

在LDA人机比较测试也取得了良好效果，超过70%的样本获得了编码员认可的分类结果，证明了自建专业词汇词典的外部有效性。由于计算机算法有很高的内部效度，因而我们通过尽可能严格控制两个实验额外变量的方式，希望获得较高的外部效度。相比其它类似研究所汇报的效度水平，我们的实验获得了不错的结果。但是，我们必须承认语言文本本身的多义性和延展性是计算机算法面对的最不稳定因素，这使我们的效度水平无法更进一步提高。

（二）LDA主题定义结果分析

按照计算出的权重值，对LDA提取的主题及主题词进行重新排序，并根据每个主题的主题词权重排序选出Top10，作为描述该话题的最佳结果。经营范围代表的是企业对自身经营活动的预期，企业的实际经营活动受到各种因素的影响，二者之间必然存在一定程度的差异。我们的研究希望尽可能地降低这种从抽象到实际的差异性带来的偏差。因此采用了二次定义的方式，未来可补充企业真实案例资料，以此改善主题定义方法的效果。

在第一次定义过程中，两名编码员（已通过信度测试）对照编码系统，依次考察了49个主题的主题词。由他们分别根据编码系统进行编码，编码完成后将结果进行比对，通过讨论及举例说明来论证自己编码的合理性，在反复讨论基础上给出了他们认为最符合该主题词组合所体现的含义。

由于一个LDA生成的主题中可能会涉及多个相关的行业，因此主题定义需要更多地考虑到组合在一个主题下的不同行业之间，存在着怎样的可能关联。根据企业的反馈，编码员们进一步强化了对主题下的不同行业活动之间关联的理解。主题框架的确能够起到对企业按经营活动进行分类的作用。然而，经营范围代表的是企业对自身经营活动的预期，与企业的实际经营活动存在一定程度的差异。因此，两名编码员又在原先主题定义操作基础上，第二次对主题定义结果进行修订。编码员在阅读了所有企业访谈的资料后，挑选出他们认为与实际经营活动不符合的主题，对这些有争议的主题定义与企业实际经营活动进行了多次商议，并最终形成共识。最终确定下的主题定义如表5-2所示。

以主题4为例。企业经营范围的申报需要符合国家法规，本研究中主题4最终定为广告业务的判定是依照经营范围的相关规定。通常所说的广告服务包括了产品分析、市场调查、销售方式分析、媒介调查、广告规划制定等等，涵盖了广告生产相关的各个环节。[91]简予繁采用德尔菲法，提出了产业经济学视角下的广告概念，认为"广告是由商品经营者或服务提供者承担费用，通过一定的媒介或形式，以与消费者沟通为目的的营销传播活动"，这个概念将多种营销传播活动纳入了广告的范畴内，例如公共关系、直销广告、包装设计、标识设计、展示设计等活动。[92]由于经营范围的用语规范要求，这些常见的广告服务与真实的经营范围文本存在差异，需按照现实的语义使用情况进行比对。编码员在参考了相关广告定义后，均认为主题4的这些主题词基本上属于广告类企业常见的经营活动。主题4的主题词组合中，广告设计、广告制作、广告代理和广告发布这四个是广告业务的常见搭配，此外还有会议服务、组织文化交流活动、经济贸易咨询、承办展览展示活动、企业策划，都属于广义上的广告业务范畴。

从主题分布的情况看，占比重最高的是广告业务（25.4181%），说明本研究所抽取样本广告类企业占主要地位，符合广告产业的基本情况。除广告业务以外，其余主题的比重均在7%以下。比重最低的园区管理服务1仅为0.0021%，对应到案例样本中，匹配的样本数为92，在总体中的占比非常小。这意味着LDA对中文文本具有强大的语义结构分析能力，能够在百万级别的文本中提取出细小的文本特征，这对于文本挖掘路径下的研究分析来说意义重大。产业融合现象识别及预测研究需要研究数据具有良好的数据可得性、统计口径和准确性，而本文采用LDA主题模型的文本挖掘方法能够方便地处理经营范围文本，且经营范围文本的处理精度还有很大的提升空间，完全可以将其作为大数据情境下的产业实证研究数据来源加以利用。

另外，在对各个主题的主题词展开讨论的过程中，我们发现存在一类较为特殊的主题。这类主题中的主题词大多数无法对应到具体行业活动上，编码员在两次的定义讨论中都无法为它们赋予一个连贯的、合理的经营活动组合，在对应的企业案例中也无法找出令人满意的行业规律。参考文献Lei Guo等对类似情况的处理方式，[88]我们将这类主题称为背景主题（Background Discussion Topic，BDT），与其他相对重要的主题进行区分。既往研究中，背景主题一般会被看作是LDA文本挖掘过程的副产品，根据不同的研究目标予以报告或去掉即可。

表 5-2　LDA在广告类企业的经营范围中提取到的前十主题词及主题定义结果*

序号	主题定义	word 1	word 2	word 3	word 4	word 5	word 6	word 7	word 8	word 9	word 10
主题 1	园林绿化及环境保护服务 0.2965%	园林绿化工程 0.0002%	低毒 0.0001%	环境卫生公共设施安装服务 0.0000%	房屋维修 0.0000%	专业保洁 0.0000%	紧急救援服务 0.0000%	园林植物 0.0000%	辐射 0.0000%	外埠 0.0000%	林木育苗 0.0000%
主题 2	生产性服务业－研发技术服务 0.1308%	研究 0.0233%	农业科技 0.0087%	中医药 0.0011%	节水 0.0006%	水利管理 0.0006%	农业技术 0.0005%	水土保持 0.0004%	中药 0.0004%	通风设备 0.0004%	管道泵 0.0002%
主题 3	批发零售业－贸易技术支持服务 3.9020%	办公用品 0.1756%	预包装食品 0.0422%	批发 0.0279%	开发 0.0164%	动画设计 0.0130%	硬件 0.0118%	贸易 0.0099%	进出口 0.0090%	展览 0.0068%	电脑培训 0.0021%
主题 4	广告业务 25.4181%	会议服务 6.8511%	技术推广 6.6306%	广告代理 6.6100%	组织文化交流活动 6.6067%	广告发布 6.6016%	经济贸易咨询 6.6016%	广告设计 6.5943%	广告制作 6.5906%	承办展览展示活动 6.5266%	企业策划 6.5257%
主题 5	网络信息技术综合服务 7.0487%	化工产品 0.5687%	摄影服务 0.3023%	经济信息咨询 0.2108%	企业形象策划 0.1543%	软件设计 0.0724%	计算机系统集成 0.0598%	预包装食品 0.0458%	计算机维修 0.0443%	批发 0.0303%	体育器材 0.0181%

续表

序号	主题定义	word 1	word 2	word 3	word 4	word 5	word 6	word 7	word 8	word 9	word 10
主题 6	批发零售业－工业用品（机电设备、矿产品及建材）4.8113%	日用品 1.0413%	机械设备 1.0213%	建筑材料 0.7419%	金属材料 0.6189%	物业管理 0.5585%	投资咨询 0.4444%	房地产信息咨询 0.2767%	房地产经纪业务 0.1430%	事务所 0.0019%	会计师 0.0019%
主题 7	背景主题 1 0.0940%	装饰物品 0.0026%	物品款式设计 0.0024%	流行 0.0024%	供热 0.0019%	商务服务 0.0012%	殡葬 0.0012%	售电服务 0.0008%	配套服务 0.0005%	本店 0.0005%	消费 0.0002%
主题 8	生活性服务业－居民零售服务 0.5512%	预包装食品 0.0254%	图书 0.0076%	文艺演出票务代理 0.0067%	电子出版物 0.0063%	报纸 0.0060%	特殊 0.0058%	期刊 0.0057%	食品销售 0.0056%	音像制品 0.0048%	体育赛事票务代理 0.0042%
主题 9	生产性服务业－设计及技术服务 0.5003%	商标代理服务 0.0007%	标牌设计 0.0007%	商标设计 0.0007%	标识 0.0006%	知识产权 0.0006%	公共关系 0.0005%	家电电器 0.0005%	两轮 0.0004%	广告类 0.0001%	铭牌 0.0001%
主题 10	园区管理服务 1 0.0021%	批发建材 0.0001%	国际船舶运输 0.0000%	大学园区管理服务 0.0000%	工业园区管理服务 0.0000%	物流园区管理服务 0.0000%	商贸园区管理服务 0.0000%	文化产业园区管理服务 0.0000%	特色小镇园区管理服务 0.0000%	创新研发基地管理服务 0.0000%	旅游园区管理服务 0.0000%

续表

序号	主题定义	word 1	word 2	word 3	word 4	word 5	word 6	word 7	word 8	word 9	word 10
主题 11	知识产权及财税服务 0.3416%	软件 0.0173%	经纪 0.0056%	著作权 0.0054%	税务服务 0.0042%	版权 0.0037%	资产评估 0.0027%	医用 0.0014%	登记代理 0.0012%	商标 0.0011%	旅游景点 0.0010%
主题 12	背景主题 2 1.3568%	石材 0.0007%	租赁服务 0.0004%	企业管理咨询服务 0.0004%	计算机软硬件开发 0.0003%	配送 0.0003%	其零配件 0.0002%	纸浆 0.0002%	通信技术 0.0002%	存储服务 0.0002%	肉类 0.0002%
主题 13	批发零售业-食品及家庭日用品 4.0841%	销售食品 1.4962%	技术进出口 1.3444%	代理进出口 1.3361%	珠宝首饰 1.3183%	玩具 1.0201%	电脑图文设计 0.7959%	服装鞋帽 0.5926%	未经加工干果 0.2159%	坚果 0.1920%	锻炼 0.0009%
主题 14	专业性建设服务 0.6656%	软件咨询 0.0224%	舞台美术设计 0.0009%	影视设备租赁 0.0007%	品牌设计 0.0006%	银制品 0.0002%	文化创意设计 0.0001%	建设工程造价咨询 0.0001%	人才资源 0.0001%	方案设计 0.0001%	媒体 0.0001%
主题 15	文化产业-艺术品拍卖及代理 3.2757%	集邮票品 0.0164%	商务咨询 0.0141%	装帧流通人民币 0.0059%	佣金代理 0.0047%	流通 0.0032%	人民币 0.0030%	纪念币 0.0027%	会务服务 0.0027%	零部件 0.0027%	文化信息咨询 0.0027%
主题 16	技能培训、教育辅助及人力资源服务 0.2142%	瑜伽 0.0004%	朗诵 0.0003%	营销 0.0003%	人才 0.0002%	曲艺 0.0002%	戏剧 0.0002%	品牌推广 0.0002%	推荐 0.0001%	登记 0.0001%	化妆 0.0001%

续表

第五章 LDA主题模型的主题定义方法改进

序号	主题定义	word 1	word 2	word 3	word 4	word 5	word 6	word 7	word 8	word 9	word 10
主题 17	文旅产业 1.5727%	活动 0.0116%	室内 0.0097%	健身器材 0.0091%	旅游咨询 0.0056%	火车票票务代理 0.0047%	策划创意服务 0.0026%	专业化设计服务 0.0011%	游乐 0.0006%	旅游景点 0.0005%	跆拳道培训 0.0001%
主题 18	商务服务业 3.5875%	摄影服务 0.1641%	会议展览服务 0.1638%	打字复印 0.1391%	首饰 0.0867%	企业策划设计 0.0744%	软件咨询 0.0524%	服装服饰 0.0331%	资料 0.0121%	编辑 0.0113%	计算机辅助设备 0.0103%
主题 19	电子商务服务业 1.9742%	批发零售 0.0264%	机械电器设备 0.0200%	软件服务 0.0153%	计算机软硬件 0.0137%	体育 0.0121%	水果 0.0092%	散装食品 0.0084%	电子商务服务 0.0040%	调试 0.0025%	五金用品 0.0005%
主题 20	互联网及金融相关的企业服务 2.0980%	承办展览展示 0.5371%	委托 0.3222%	金融机构 0.3195%	专业承包 0.1614%	室内装饰工程设计 0.0655%	保险代理业务 0.0543%	声乐培训 0.0466%	开发 0.0236%	火车票 0.0213%	舞蹈 0.0181%
主题 21	生活性服务业－综合服务 4.1013%	针纺织品 1.7510%	技术进出口 1.3444%	珠宝首饰 1.3183%	摄影服务 0.7271%	计算机技术培训 0.7271%	销售服装 0.5472%	塑料制品 0.4773%	婚姻服务 0.3786%	文化经纪业务 0.1696%	企业管理服务 0.0797%
主题 22	生活性服务业－文化服务 0.2044%	摄影扩印服务 0.0002%	足球培训 0.0001%	投资信息咨询 0.0001%	庆典策划 0.0001%	影片放映 0.0000%	农村 0.0000%	毫米 0.0000%	企业管理信息咨询 0.0000%	发广告 0.0000%	计算机网络科技 0.0000%

097

续表

序号	主题定义	word 1	word 2	word 3	word 4	word 5	word 6	word 7	word 8	word 9	word 10
主题 23	生产性服务业－工程服务 0.0555%	工程咨询 0.0134%	保健品 0.0002%	公共设施管理咨询 0.0001%	安全咨询服务 0.0001%	保险公估服务 0.0001%	信息安全管理评估 0.0001%	市政管理咨询 0.0001%	社会稳定风险评估 0.0001%	信息安全管理咨询 0.0001%	紧急救援服务 0.0000%
主题 24	职业教育培训服务 0.4800%	技术培训 0.0763%	制品 0.0053%	生产 0.0037%	矿产 0.0009%	礼仪 0.0007%	铝合金制品 0.0005%	摄制 0.0004%	糖果 0.0003%	影片 0.0002%	梦之桥 0.0002%
主题 25	工程技术与设计服务 1.0891%	工程设计 0.1653%	工程造价咨询 0.0180%	工程监理服务 0.0037%	工艺礼品 0.0026%	工程项目管理服务 0.0011%	工程造价 0.0008%	工程装饰 0.0006%	黑色金属 0.0003%	工程预算 0.0002%	工程项目 0.0001%
主题 26	生产性服务业－投资及金融服务 2.0895%	投资咨询 0.4635%	投资管理 0.4456%	委托 0.3222%	金融机构 0.3195%	资产管理 0.2929%	财务咨询 0.2687%	项目投资 0.2566%	金融业务流程外包服务 0.1021%	金融信息技术外包服务 0.0998%	金融知识流程外包服务 0.0947%
主题 27	新闻和出版业 0.8728%	技术 0.0121%	出版 0.0067%	方面 0.0042%	专业 0.0032%	信息 0.0027%	化工 0.0027%	自有 0.0019%	利用自有媒介发布广告 0.0017%	自然科学 0.0017%	珠宝饰品 0.0016%
主题 28	背景主题 3 0.3392%	环保 0.0006%	技术领域 0.0005%	计算机技术服务 0.0004%	潜水 0.0003%	室内装饰材料 0.0003%	人参 0.0002%	航空货运 0.0002%	灵芝 0.0002%	陶艺 0.0001%	配饰 0.0001%

续表

序号	主题定义	word 1	word 2	word 3	word 4	word 5	word 6	word 7	word 8	word 9	word 10
主题 29	制造业及生产性服务业 1.2103%	工艺品 0.9776%	工程项目管理 0.0337%	工程项目管理服务 0.0016%	工艺 0.0015%	工程建设 0.0004%	黑色金属 0.0004%	工程预算 0.0004%	工艺品加工 0.0002%	工艺品制造 0.0002%	工程项目 0.0001%
主题 30	批发零售业－机械设备、矿产品、建材及化工产品 6.9343%	销售 1.2756%	机械设备 1.2054%	化工产品 0.8537%	金属材料 0.7304%	文化用品 0.7135%	厨房用具 0.3905%	卫生间用具 0.3253%	计算机软硬件辅助设备 0.1244%	室内装饰工程设计 0.0741%	热力供应 0.0138%
主题 31	电子商务（含设备租赁及运输服务） 1.2139%	花卉 0.2900%	新鲜水果 0.2803%	卫生间用具 0.1851%	塑料制品 0.1695%	租赁建筑工程机械设备 0.1152%	道路货物运输 0.1081%	货物 0.0670%	普通 0.0656%	厨房 0.0627%	维修计算机 0.0559%
主题 32	健康产业 0.0614%	医药信息咨询 0.0004%	维修医疗器械 0.0002%	牛肉 0.0001%	羊肉 0.0001%	毒性 0.0000%	注射器 0.0000%	一次性 0.0000%	外科 0.0000%	儿科 0.0000%	老年病 0.0000%
主题 33	背景主题 4 0.1955%	建材材料 0.0005%	汽车零部件 0.0003%	桶装 0.0002%	地理遥感信息服务 0.0002%	织造布 0.0002%	熔喷法 0.0002%	演员经纪 0.0002%	保温材料 0.0002%	电子产品技术开发 0.0002%	低毒低残留农药 0.0001%

续表

序号	主题定义	word 1	word 2	word 3	word 4	word 5	word 6	word 7	word 8	word 9	word 10
主题34	背景主题5 0.4986%	用具 0.0019%	影视设备 0.0014%	卫生 0.0013%	维护 0.0011%	印刷品印刷 0.0007%	生活 0.0006%	布置 0.0006%	美术品 0.0006%	方式 0.0006%	出租写字间 0.0006%
主题35	文化产业-调研设计咨询服务 2.1093%	工艺美术设计 1.3064%	工艺美术创作 0.0755%	旅游咨询 0.0273%	市场调研 0.0122%	市场 0.0074%	工艺礼品 0.0056%	市内包车客运 0.0009%	工艺品销售 0.0003%	工艺过程评价 0.0003%	工艺技术 0.0001%
主题36	企业管理及生产性商务服务 1.8026%	企业管理 0.5666%	房地产经纪业务 0.0971%	婚庆服务 0.0680%	出版物 0.0238%	商务咨询 0.0152%	展厅布置设计 0.0136%	艺术品 0.0086%	维修办公设备 0.0046%	网上贸易代理 0.0018%	网上商务咨询 0.0015%
主题37	园区管理服务2 0.0027%	食品农产品 0.000017%	生态园区管理服务 0.0000%	循环经济产业园区管理服务 0.0000%	商贸园区管理服务 0.0000%	创新研发基地管理服务 0.0000%	旅游园区管理服务 0.0000%	特色小镇园区管理服务 0.0000%	文化产业园区管理服务 0.0000%	物流园区管理服务 0.0000%	工业园区管理服务 0.0000%
主题38	文化产业相关的综合商务服务 1.9155%	文化用品 0.4044%	摄影服务 0.2573%	出版物零售 0.1987%	经营电信业务 0.0941%	出版物批发 0.0392%	装饰装潢设计 0.0032%	经纪业务 0.0030%	展示设计 0.0007%	展览策划 0.0005%	美容美发用品 0.0004%
主题39	旅游及出行服务 0.8255%	旅游信息咨询 0.2768%	汽车租赁 0.1621%	航空机票票务代理 0.0726%	入境旅游业务 0.6002%	旅游业务 0.0386%	境内 0.0385%	国内旅游业务 0.0375%	出境旅游业务 0.0227%	集中 0.0162%	养老服务 0.0156%

续表

序号	主题定义	word 1	word 2	word 3	word 4	word 5	word 6	word 7	word 8	word 9	word 10
主题 40	生产性服务业 - 商务咨询服务 1.9112%	摄影服务 0.1641%	法律咨询 0.0440%	营销策划 0.0397%	劳务派遣 0.0244%	图文设计 0.0203%	公关策划 0.0194%	设备租赁 0.0138%	扩印服务 0.0070%	设备维修 0.0036%	供热 0.0022%
主题 41	软件和信息技术服务 1.3018%	业务 0.0191%	信息服务业务 0.0101%	增值电信业务 0.0079%	因特网 0.0035%	设备安装 0.0026%	科技产品 0.0023%	经济信息咨询服务 0.0022%	网络技术开发 0.0021%	互联网 0.0021%	进行 0.0015%
主题 42	建筑装饰、装修和其他建筑业 1.3111%	建筑 0.0033%	建筑装饰装修工程 0.0003%	勘察设计 0.0002%	贰级 0.0002%	集成电路设计 0.0002%	清洁卫生 0.0002%	办公室 0.0002%	布置设计 0.0001%	电动 0.0001%	防水 0.0001%
主题 43	生活性服务业 - 餐饮服务 0.3529%	定型包装食品 0.0011%	冷热饮 0.0009%	饮料 0.0009%	茶叶 0.0007%	保险 0.0005%	婚庆礼仪服务 0.0005%	卷烟 0.0005%	娱乐咨询 0.0004%	文化经纪 0.0004%	五金交电化工 0.0004%
主题 44	生产性专业技术服务（含咨询及设计服务）1.3690%	工艺品 0.9776%	工程项目管理 0.0337%	工程造价咨询 0.0272%	工美 0.0034%	工程项目管理服务 0.0016%	工艺 0.0015%	工艺礼品设计 0.0008%	黑色金属 0.0004%	工程预算 0.0004%	工程项目 0.0001%
主题 45	批发零售业 4.6663%	计算机 0.8064%	五金交电 0.7390%	销售日用品 0.4831%	承办展览展示 0.4308%	箱包 0.3087%	票务代理 0.2447%	营销策划 0.0779%	业务 0.0453%	体育经纪 0.0232%	经营项目 0.0009%

101

续表

序号	主题定义	word 1	word 2	word 3	word 4	word 5	word 6	word 7	word 8	word 9	word 10
主题 46	旅游业－景区规划及管理 0.0318%	游览 0.0006%	景点管理 0.0006%	陆路国际货物运输代理 0.0002%	城市公园 0.0001%	城乡规划 0.0001%	再生 0.0001%	代理报关 0.0001%	飞行 0.0001%	抢险救灾 0.0000%	直升机 0.0000%
主题 47	文化产业－活动服务 0.3353%	策划筹备组织 0.0047%	艺术节 0.0045%	文化节 0.0040%	晚会 0.0017%	艺术大赛 0.0016%	电影节 0.0015%	个人形象包装设计 0.0014%	音响 0.0012%	大型庆典 0.0012%	运动会 0.0010%
主题 48	生活性服务业－居民零售及餐饮服务 0.3113%	预包装食品 0.0193%	卷烟零售 0.0063%	冷藏冷冻食品 0.0061%	雪茄烟零售 0.0061%	散装食品 0.0041%	热力供应 0.0039%	食品制售 0.0033%	热食 0.0032%	设备维修 0.0028%	害虫防治服务 0.0023%
主题 49	建筑装饰、装修和其他建筑业（含园林绿化施工） 0.4827%	城市园林绿化 0.0182%	建筑物清洁服务 0.0134%	室内 0.0077%	装饰装潢设计 0.0010%	草皮 0.0003%	交通设施 0.0001%	垂钓 0.0001%	交通器材 0.0001%	树苗 0.0001%	环境设计 0.0001%

*所有权重值保留至小数点后 4 位。

（三）LDA主题提取结果的信效度检测及人机比较结果分析

对LDA主题提取结果的评分取三次测试的平均值，两个样本集的最终得分为73.47%和79.93%。这意味着，按照本文的研究方法，LDA主题定义对经营范围文本的提取结果能够达到人工行业分类效果的70%以上。这证明了采用自建专业词汇词典，对经营范围文本所进行的LDA主题提取任务取得了良好效果。超过70%的样本可以获得编码员认可的分类结果，同时证明了自建专业词汇词典的外部有效性。

人类理解和计算机分析天然地存在差异，因此两种方法对具体词汇的行业划分上一定会存在分歧，自然会影响到最终的分类结果。然而，这一结果已经比预计的好很多。虽然LDA与人类存在30%左右的差异，但这种差异的原因不一定是算法缺陷造成的。在进行人工内容分析时，两名编码员均认为编码方案能够覆盖到大部分的词条，并给出清晰的分类。根据编码员的评估，基于LDA的分析性能要显著优于人工的内容分析。这是因为人类对于海量的完整数据难以完全掌握，无法对某些词汇进行行业归类，而LDA主题提取能够按照词汇间的语义关系进行归类，实际上超越了人类对这类分析任务的处理能力。人类编码员对行业知识的掌握实际上是有限的，因此难以判断这种差异是由于自身存在着知识盲区还是算法能力不足造成的。在编码员的讨论中，更关注于LDA的结果有可能揭示了更多关于产业内部经营活动的细节和潜在知识。

LDA模型相比人工分析的优势就在于计算机算法可以快速遍览所有文本，利用海量单词之间的共现关系来发现潜在主题。这种处理维度远远超过了人类研究者所能完成的工作，算法对文本的处理效度也是人工内容分析难以企及的。从效能和成本上看，LDA模型的优势是显而易见的。接下来，我们将继续对LDA主题模型的应用探索，将视线聚焦在微观层面揭示广告产业内部的语义结构、发现主题间关系等内容上。

五、小结

在本章，我们参考前人研究，建立起了一套比较完整、可操作的计算机辅助内容分析法的信效度测量程序，在LDA主题提取结果基础上进行了三个独立的测试。分别是自建专业词汇词典的信效度测试，基于综合方法的LDA主题定义方法改进，以及经营范围文本LDA主题模型的人机测试比较。三项测试的结果均显示出采用内容分析法改进计算机辅助内容分析的必要性。通过编码员的参与和规范化程序的加入，有效地限制了人类研究员观察经验对研究结果的影响。程序化的设计使研究结果可以得到重复验证，保证了研究结论的有效性。

第六章

结论与研究展望

当前,信息技术和数字技术正在推动各个不同的传统产业与互联网不断融合。从产业经济学的产业融合理论角度解释,我国广告产业眼下出现的数字营销、程序化购买等新形式是受到信息技术与互联网技术的变革与扩散引起的产业融合现象,渗透着互联网及数字技术的基因。新业态的出现离不开社会宏观经济的发展,广告产业作为社会经济系统中的组成部分,可以用经济学理论和研究方法来探究产业融合现象背后的规律及内在机制。如果能够探查清楚问题的本质,既有助于解答广告产业转型升级过程面临的诸多问题,又能为揭示广告产业的发展规律奠定理论基础。

产业融合理论认为,随着数字技术和信息技术不断深入各个传统产业,它们之间的界限将变得越来越模糊,市场上很有可能出现新的产业组合和新的市场格局。在这种情况下,广告产业需要探索一种适用于中国传媒经济学的研究方法,既要考虑数据获取和分析的难题,也要注重综合性分析方法的建构,以便更好地应对当前广告产业面临的挑战。

一、本书的主要贡献

本书从广告产业的企业经营范围文本资料入手,基于文本间的潜在关系抽象出背后的企业经营活动特征，运用多种分析方法获取其中的隐性知识。我们采用自建LDA主题建模提取文本主题的方法，实现了对广告类企业间语义网络关系的初步分析，呈现出在语义层面的多个潜在主题，为下一步挖掘市场主体之间的潜在关系奠定了基础。同时，我们针对各个主题的语义解释时面临着主观性解读的问题，借助社会研究方法中的内容分析法完善算法结果的测评程序，弥补计算机辅助内容分析的缺陷，建立起了一套比较完整、可操作的计算机辅助内容分析法的信效度测量程序。通过程序化的设计，使研究结果可以得到重复验证，保证研究结论的有效性。

LDA在全样本数据基础上为我们提供了每一个市场主体的特征表示，最终以矩阵的形式描述出了每个文档所包含的不同主题的概率分布，体现出在语义层面上市场主体之间潜在的相似性。LDA主题分布的这一特性可用以发现企业的潜在经营偏好，分析语义空间上的市场主体间关系和产业内在机理，而不仅仅是用于文本分类和主题划分。不过，LDA只是帮助我们实现基于单词共现的主题评分，为广告产业的经营范围文本建立了适宜的语义标签。若要对潜在的企业间关系做进一步分析，还需要借助其他的工具实现文本信息的可视化解读。我们设计的这套研究方法，具有以下优点：

①技术手段较为先进，利用自建LDA主题建模等多种分析方法来解决广告产业中文本数据丰富但信息零散的问题，能够有效提取出企业间的潜在关系和语义主题。

②通过建立一套测评程序，对算法结果进行了更加准确量化的分析，从而提高了研究结果的信效度和科学性。

③通过程序化的设计，研究结果可以得到重复验证，从而保证了研究结论的有效性，为进一步探索广告产业潜在关系及未来发展提供了科学依据。

当然，本研究仅采用企业经营范围作为研究资料，具有一定的局限性。一是对于广告产业的其他维度如市场规模、竞争格局、技术创新等方面的研究，可能存在一定盲区，因此需要结合其他研究方法进行比对和补充。二是其中的语义解释可能存在主观性，需要严格校验和论证，减少研究中的误差。三是由于广告产业日新月异，当前研究的不足在于无法进行更精准的趋势预测，因此需要结合其他研究方法开展长期跟踪研究，以便更好地理解产业发展的动态变化。

二、产业融合驱动下广告产业未来的趋势

我们现在正处于数字时代的浪潮中，数字技术的发展加速了广告产业的演变。产业融合已经成为这一过程中不可忽视的重要因素。产业融合是观察数字时代广告产业演变的一个新视角，对于整个产业的理解和发展趋势的预测都至关重要。同时，产业融合也为广告产业提供了更多创新思路和商业机会，有望为企业的自我升级和可持续发展带来新的动力。产业融合的驱动下，广告产业未来在人才需求、制度变革、资本投入和企业扶持这几个方面会发生一些趋势变化。

首先，在人才需求方面，广告产业需要更为专业化和多元化的人才。广告产业的人才需要具备跨界、创新和敏捷的发展能力，掌握营销、数据分析、技术等多方面技能。特别是视觉设计、数据分析、市场调研等方面的人才需求将更大。未来，广告产业将面临更为激烈的人才角逐压力，行业需要在人才培训、跨部门合作、外部联盟等方面进行差异化、多样化创新，以满足不断变化的人才需求。

其次，在制度变革方面，政府需要在制度政策层面支持广告产业的深入融合发展。加大政策支持和投资力度，能够为创新和发展提供更为广阔的空间。未来，政策制定者可从产业链视角出发，以数字化、智能化的趋势为基础，从行业管理、行业标准、营销模式等方面对广告产业进行更为完善的制度变革。

再次，在资本投入方面，投资者和企业经营者将越来越注重创新营销、数字技术和多样化服务的推动。现今广告产业发展往往依赖强有力的资金支撑，未来广告产业关注重点将更加倾向于向行业整合、数字化升级、全方位服务新模型挖掘等方面开发新型业态。擅于与其他领域深度融合的企业，具有更高的竞争力、市场份额以及新的创新优势，将在广告新生态的建设中扮演着重要角色。

最后，在企业扶持方面，产业参与者将越来越关注战略创新、品牌建设

和市场占有率提高等方面。企业需要不断创新和调整自己的市场策略，加大研发投入，强化品牌建设，深化与其他产业的合作，提高自身的市场竞争力。

综上所述，广告产业在产业融合的推动下，未来在人才需求、制度变革、资本投入和企业扶持等方面都将会发生更高水平的变化和创新，这些创新将为行业带来更大的发展机遇，促进广告产业迎来更好的发展。

三、中国广告产业面临的现实挑战与未来启示

可以说，当前广告产业前所未有的快速发展离不开科学技术的推动和大量企业的创新力量。数字技术、大数据、社交媒体等技术的出现和发展提供了业内领先企业创新和发展的机会。在这个背景下，产业融合成为加速广告业创新的重要手段，并且在推动广告产业的向前发展中发挥着越来越重要的作用。如今，技术的生命周期不断加速，相关技术日渐饱和，这为广告领域的产业融合营造了良好的发展环境。当然，技术创新和产业融合对广告企业提出了更高的要求。

广告企业需要不断关注市场变化和消费者需求变化，及时调整营销策略，掌握最新的科学技术，不断进行技术创新和业务创新。只有不断提升企业的竞争力和创新能力，才能在激烈的市场竞争中立于不败之地，实现可持续发展。从市场的反应上看，一些广告企业正积极采用数字技术和智能技术，加强业务的数字化、自动化和智能化，以保持市场领先地位，增强自身的竞争优势。例如，由于ChatGPT为代表的先进人工智能在创意设计、文案撰写等方面的出色表现，2023年初中国公关广告营销巨头蓝色光标，宣布无限期停用创意设计、文案撰写、方案撰写、平面设计等项目的外包业务。无独有偶，为了降低成本和提高效率，亚马逊、IBM等数字广告巨头也开始对广告部门进行裁员重组。然而，面对产业趋势变化，裁员重组并非一种长期可行的解决方案。为了数字广告业务的可持续发展，企业更应该从产业融合的经济规律出发，通过推进科技创新、与外部进行多方合作、推动多元化发展等方式，促进产业链上下游之间的紧密合作和协同发展。

基于产业融合和数字化技术的发展趋势，广告产业在未来将面临着更多挑战和机遇。其中，一个关键问题是如何应对数字化技术对传统广告业务的影响，以及如何在数字化时代下进行创新和改革。在广告产业内部，数字技术的运用已经成为广告营销的核心。然而，在数字技术的发展下，产业边界的界定和价值链的构建也发生了改变。此外，与传统广告相比，数字广告的数据量更加庞大、精准度更高，但也存在着隐私泄露的风险，如何保护用户权益成了一个重要问题。因此，如何发挥数字技术等新技术的优势，实现广告产业的跨越式发展，同时避免潜在的风险和挑战，成为广告产业转型升级过程中亟待解决的问题。

就目前而言，广告产业融合研究在未来需要关注以下重要方向：

首先，以中国经验向世界分享研究成果。中国在智能化、信息化、数字化领域取得了令人瞩目的成绩，广告产业的创新与变革步伐也是全球领先的。由于中国的文化底蕴和地区特点，中国广告产业当前的数字化转型具有较为鲜明的区域性特征。同时，中国广告产业的发展具有良好的可持续性，是数字经济时代的产业融合实践案例，值得向世界分享其经验与研究成果。

其次，将产业融合视角与市场化视角相结合，通过实证分析和理论模型构建来分析广告产业现状和未来趋势，深入揭示相关机制和内在规律。以产业融合视角探查不同行业的内部整合与融合创新，预测可能带来的变革，一直是产业融合领域的研究热点，也是当前国内外进行产业研究的重要主题。通过聚焦中国广告产业内部结构，发现不同行业与广告业的跨界融合现象，将为提高广告产业生产效率和推动业内创新注入新的活力。

最后，从产业融合视角出发借鉴其他行业融合发展的成功经验，可以帮助广告产业更好地实现产业升级和数字化转型，为广告产业更好地发展提供有价值的思路和方向。例如，以品牌、市场和广告产业的整合为核心话题，探讨产业生态圈的动态调整，以构建具有强大竞争力的产业生态。同时，也可以研究广告产业与实体经济的互动关系，分析互联网时代广告行业的转型和发展模式，进一步推动中华民族的文化创新。

从产业融合的角度考虑广告产业，不仅可以帮助我们深入理解整个产业的发展历程和演变趋势，还可以为企业未来的战略和决策提供重要的参考和指导。通过深入研究广告产业与其他产业的相互融合，我们可以帮助企业发掘更多商业机会，并推动其实现可持续发展。另外，广告产业在数字化时代面临的种种挑战和问题，也需要我们从产业融合的角度出发，探寻新的创新方式和商业模式。通过挖掘产业融合的潜在机会和前景，我们可以为广告产业未来的发展提供更为深入和客观的分析和思考。

参考文献

[1] 吴敬伟,江静.产业融合、空间溢出与地区经济增长[J].现代经济探讨,2021,(2):67-78.

[2] 芮明杰.产业经济学(第三版)[M].上海:上海财经大学出版社,2016(11):5.

[3] 杨治.产业经济学导论[M].北京:中国人民大学出版社,1985:16.

[4] Stieglitz N. Digital Dynamics and Types of Industry Convergence: the Evolution of the Handheld Computers Market in the1990s and Beyond[M]//In the Industrial Dynamics of the New Digital Economy. Cheltenham: Edward Elgar, 2003: 179-208.

[5] 于刃刚.产业融合论[M].北京:人民出版社,2006.

[6] Greenstein S, Khanna T. What does Industry Convergence Mean? [M]. // Competing in the Age of Digital Convergence. Boston: Perseus Distribution Services, 1997: 201-226.

[7] 植草益.信息通讯业的产业融合[J].中国工业经济,2001(2):24-27.

[8] 厉无畏,王慧敏.国际产业发展的三大趋势分析[J].上海社会科学院学术季刊,2002(2):53-60.

[9] 马健.产业融合理论研究评述[J].经济学动态,2002(5):78-81.

[10] 胡金星.产业融合的内在机制研究[D].上海:复旦大学,2007.

[11] 李美云.国外产业融合研究新进展[J].外国经济与管理,2005(12):12-20,27.

[12] 涂静.产业融合的经济学分析[J].现代管理科学,2017(8):84-86.

[13] 周振华.产业融合拓展化的过程及其基本含义[J].社会科学,2004(5):5-12.

[14] 周振华.产业融合:新产业革命的历史性标志——兼析电信、广播电视和出版三大产业融合案例[J].产业经济研究,2003(1):1-10.

[15] Malhotra A. Firm Strategy in Converging Industries: An Investigation of US Commercial Bank Responses to US Commercial Investment Banking Convergence[D]. PhD Thesis, Maryland University, 2001.

[16] Hacklin F, Raurich V, Marxt C. Implications of Technological Convergence on Innovation Trajectories:the Case of ICT Industry[J]. International Journal of Innovation and Technology Management, 2005,2(3): 313-330.

[17] Jaworski B, Kohli A K, Sahay A. "Market-Driven Versus Driving Markets," *Journal of the Academy of Marketing Science*, vol.28,no.1, 2000, pp.45-54.

[18] Curran, C.S., Leker, J.,"Patent indicators for monitoring convergence-examples from NFF and ICT," *Technol. Forecast. Soc. Chang*, vol.78, 2011, pp.256-273.

[19] Klarin, A., Suseno, Y., Lajom, J., "Systematic Literature Review of Convergence: A Systems Perspective and Re-evaluation of the Convergence Process," *IEEE Transactions on Engineering Management*, 2021-11-25, pp.1-13.doi: 10.1109/TEM.2021.3126055, 2023-03-07.

[20] Curran C S, Bröring S, and Leker J. Anticipating Converging Industries Using Publicly Available Data[J]. Technological Forecasting & Social Change, 2010,77(3): 385-395.

[21] 黄旦,李暄.从业态转向社会形态:媒介融合再理解[J].现代传播(中国传媒大学学报),2016,38(1):13-20.

[22] 喻国明.中国传媒产业的融合与发展[J].采写编,2010(3):12-13.

[23] 陈力丹,付玉辉.论电信业和传媒业的产业融合[J].现代传播(中国传媒大学学报),2006(3):28-31.

[24] Greenstein S, Khanna T. What does Industry Convergence Mean? [M] // Competing in the Age of Digital Convergence. Boston: Perseus Distribution Services, 1997: 201-226.

[25] 李美云.国外产业融合研究新进展[J].外国经济与管理,2005(12):12-20,27.

[26] 胡靖,胡加加.溯源与考辨:媒介融合的多维视角和研究路向[J].中国出版,2019(12):14-18.

[27] 杜忠锋,罗敬.话语分析视角下我国媒介融合的话语嬗变及其内在逻辑[J].编辑之友,2020(1):12-18,29.

[28] 宋昭勋.新闻传播学中Convergence一词溯源及内涵[J].现代传播(中国传媒大学学报),2006(1):51-53.

[29] 钱广贵,吕铠.媒介融合的多元解读、经济本质与研究范式偏差[J].当代传播,2015(6):57-59,65.

[30] 翟光勇.迷思与批判:媒介融合热背后的冷思考[J].编辑之友,2016(9):53-56,74.

[31] 喻国明,何睿.大数据时代传媒经济研究框架及工具的演化——2012年我国传媒经济研究文献综述[J].国际新闻界,2013,35(1):16-27.

[32] 王菲:《媒介融合中广告形态的变化》,《广告大观(理论版)》2007年第6期,第28-32页。

[33] 寇紫遐:《新环境视角下我国广告产业传播形态探析》,《新闻界》2009年第3期,第20-22页。

[34] 姜帆:《数字传播背景下广告的生存与发展研究》,博士学位论文,武汉大学,2010年,第1页。

[35] Hackley C, Hackley, Amy Rungpaka, "Advertising at the Threshold: Paratextual Promotion in the Era of Media Convergence," Marketing Theory, vol.19, no.2,2019, pp. 195-215.

[36] Jae-Yung Cho. "Advertising Regulations in Media Convergence Environment by IT; Focusing on Broadcast and Internet Advertising," Indian Journal of Science and Technology, vol.9, no.41, 2016, DOI:10.17485/ijst/2016/v9i41/103956.

[37] 李名亮:《数字时代广告产业融合的效应与结局》,《山西大学学报(哲学社会科学版)》2017年第5期,第56-63页。

[38] 马二伟:《大数据时代广告产业融合发展的模式与机制分析》,《新闻界》2016年第15期,第47-50页。

[39] 秦雪冰:《市场融合与广告产业创新》,《广告大观(理论版)》2013年第2期,第9-14页。

[40] Malhotra A. Firm Strategy in Converging Industries: An Investigation of US Commercial Bank Responses to US Commercial Investment Banking Convergence[D]. PhD Thesis, Maryland University, 2001.

[41] 曾琼,张金海.西方传媒经济学研究的历史进路、研究框架与研究范式——兼论中国传媒经济研究的困局[J].现代传播(中国传媒大学学报),2014,36(11):107-111.

[42] 商燕萍.公司经营范围理论研究[D].武汉:武汉理工大学,2007.

[43] 张翔.商业登记与营业自由——商业登记的功能、技术及其价值基础分析[J].政治与法律,2008,153(2):89-94.

[44] 童列春,商燕萍.论公司经营范围的准确定位[J].行政与法,2006(10):114-118.

[45] 姚洁.公司经营范围的法律属性研究[D].武汉:华东政法大学,2010.

[46] 陆诗秦,曹朝阳,袁驰.国家企业信用信息公示系统涉企信息归集工作探析[N].中国工商报,2018-01-18(003).

[47] 陈章武,李朝晖.范围经济:获得竞争优势的一种思路[J].经济管理,2002(12):18-24.

[48] 多纳德·海,德理克·莫瑞斯.产业经济学与组织(上册)[M].北京:经济科学出版社,2001:61-63.

[49] 韩平,吴泗宗.企业多元化经营的范围经济与风险分析[J].工业工程与管理,2005(5):44-47.

[50] 曾楚宏,朱仁宏.基于战略视角的企业边界研究前沿探析[J].外国经济与管理,2013,35(7):2-11.

[51] 樊花江.企业经营范围变化趋势与经营绩效的实证研究[D].西安:西北大学,2012.

[52] 杜曙光,刘刚.三维企业边界与多元化经营——规模经济、范围经济和一体化战略的统一性[J].产业经济评论,2013:141-154.

[53] 张凤鸽.关于企业纵向规模变化趋势的实证研究[D].西安:西北大学,2008.

[54] 范敏敏.企业经营范围字段自动分类方法研究[D].哈尔滨:哈尔滨工业大学,2010.

[55] 刘阳.一种企业画像系统的设计与实现[D].石家庄:河北师范大学,2019.

[56] 陈丽英,李婉丽.企业会选择与竞争对手共享审计师吗——基于经营范围相似度的分析[J].审计与经济研究,2020,35(6):41-50.

[57] 李湘东,曹环,丁丛,等.利用《知网》和领域关键词集扩展方法的短文本分类研究[J].现代图书情报技术,2015,255(2):31-38.

[58] 章成志.主题聚类及其应用研究[M].北京:国家图书馆出版社,2013(04):1.

[59] 赵凯,王鸿源.LDA最优主题数选取方法研究:以CNKI文献为例[J].统计与决策,2020,36(16):175-179.

[60] 刘青文.基于协同过滤的推荐算法研究[D].合肥:中国科学技术大学,2013:2.

[61] 谷羽.语义网络分析方法在传播学中的应用及批判[J].现代传播(中国传媒大学学报),2019,41(4):155-159.

[62] 谭荧,张进,夏立新.语义网络发展历程与现状研究[J].图书情报知识,2019(6):102-110.

[63] 王菲菲,邱均平,余凡,等.信息计量学视角下的数字文献资源语义化关联揭示[J].图书情报工作,2014,58(7):12-18,29.

[64] Guo L, Vargo C J, Pan Z, et al. Big Social Data Analytics in Journalism and Mass Communication: Comparing Dictionary-Based Text Analysis and Unsupervised Topic Modeling[J]. Journalism & Mass Communication Quarterly. 2016; 93(2): 332-359.

[65] 李湘东,曹环,丁丛,等.利用《知网》和领域关键词集扩展方法的短文本分类研究[J].现代图书情报技术,2015,255(2):31-38.

[66] 赵凯,王鸿源.LDA最优主题数选取方法研究:以CNKI文献为例[J].统计与决策,2020,36(16):175-179.

[67] 陈晓云.文本挖掘若干关键技术研究[D].上海:复旦大学,2005.

[68] 李郅琴,杜建强,聂斌等.特征选择方法综述[J].计算机工程与应用,2019,55(24):10-19.

[69] 于游,付钰,吴晓平.中文文本分类方法综述[J].网络与信息安全学报,2019,5(5):1-8.

[70] Blei D M, Ng A Y, Jordan M I. Latent Dirichlet Allocation[J]. Journal of Machine Learning Research, 2003,3(Jan): 993-1022.

[71] 马晨.LDA漫游指南v1.0[M/OL].(2015-7-7)[2022-03-01].https://pan.baidu.com/s/12Z zBo?_at_=1647321527020

[72] 靳志辉.LDA数学八卦v1.0[M/OL].(2013-2-8)[2022-03-01].https://pan.baidu.com/s/1kSLD9

[73] 韦来生.贝叶斯统计[M].北京:高等教育出版社,2016:43-49.

[74] 李湘东,张娇,袁满.基于LDA模型的科技期刊主题演化研究[J].情报杂志,2014,33(7):115-121.

[75] 王李冬,魏宝刚,袁杰.基于概率主题模型的文档聚类[J].电子学报,2012,40(11):2346-2350.

[76] 王春龙,张敬旭.基于LDA的改进K-means算法在文本聚类中的应用[J].计算机应用,2014,34(1):249-254.

[77] 李湘东,张娇,袁满.基于LDA模型的科技期刊主题演化研究[J].情报杂志,2014,33(7):115-121.

[78] 王国睿,张亚飞,尚有为等.基于LDA主题模型的电子病历热点主题发现[J].中华医学图书情报杂志,2021,30(2):33-39.

[79] 曾子明,王婧.基于LDA和随机森林的微博谣言识别研究——以2016年雾霾谣言为例[J].情报学报,2019,38(1):89-96.

[80] 王晰巍,张柳,黄博,等.基于LDA的微博用户主题图谱构建及实证研究——以"埃航空难"为例[J].数据分析与知识发现,2020,4(10):47-57.

[81] 井世洁,邹利."校园欺凌"的网络表达与治理——基于LDA主题模型的大数据分析[J].青少年犯罪问题,2020,231(6):60-68.

[82] 陈吉雨.基于LDA模型的学科间知识流动研究[D].曲阜:曲阜师范大学,2020.

[83] 徐建平,张雪岩,胡潼.量化和质性研究的超越:混合方法研究类型及应用[J].苏州大学学报(教育科学版),2019,7(01):50-59.

[84] Riffe D, Lacy S, Fico F. Analyzing media messages: Using quantitative content analysis in research[M]. New York, NY: Routledge, 2014: 174.

[85] Zamith R, Lewis S C. Content Analysis and the Algorithmic Coder[J]. The ANNALS of the American Academy of Political and Social Science, 2015,659(1): 307-318.

[86] 仇立平. 社会研究方法[M]. 重庆:重庆大学出版社,2015.

[87] Riffe D, Lacy S, Fico F. Analyzing media messages: Using quantitative content analysis in research[M]. New York, NY: Routledge, 2014: 174.

[88] Guo L, Vargo CJ, Pan Z, Ding W, Ishwar P. Big Social Data Analytics in Journalism and Mass Communication: Comparing Dictionary-Based Text Analysis and Unsupervised Topic Modeling[J]. Journalism & Mass Communication Quarterly. 2016; 93(2): 332-359.

[89] 周翔. 传播学内容分析研究与应用[M]. 重庆:重庆大学出版社,2014.

[90] 中央政府门户网站. 企业经营范围登记管理规定[EB/OL]. (2015-08-27) [2022-03-15]. http://www.gov.cn/zhengce/2016-04/05/content_5061387.htm.

[91] 丁俊杰,康瑾. 现代广告通论[M].3版. 北京:中国传媒大学出版社,2013.

[92] 简予繁. 中国广告产业统计分类标准与统计调查方案研究[D]. 武汉:武汉大学,2017.